„POSITIVES“ RECHT

EIN BEITRAG
ZUR THEORIE VON RECHTSQUELLE UND AUSLEGUNG

VON

ERICH JUNG

ORD. PROFESSOR DER RECHTE IN GREIFSWALD

ALFRED TÖPELMANN
(VORMALS J. RICKER'S VERLAG)
GIESSEN 1907

Sonderabdruck aus der

FESTSCHRIFT,

DER JURISTISCHEN FAKULTÄT DER UNIVERSITÄT GIESSEN

ZUR DRITTEN JAHRHUNDERTFEIER

DER ALMA MATER LUDOVICIANA

ÜBERREICHT VON IHREN FRÜHEREN DOZENTEN:

BELING, COSACK, FRANK, GAREIS, HEIMBERGER,
HELLWIG, JUNG, v. LISZT, REGELSBERGER,
REHM, L. v. SEUFFERT, STAMMLER,
v. THUDICHUM, v. WENDT.

„Gesetz im Sinne des bürgerlichen Gesetzbuchs und dieses Gesetzes ist jede Rechtsnorm" (Art. 2 E.G. B.G.B.).

Die Bestimmung ist ähnlichen der Einführungsgesetze zur Z.P.O. (§ 12), zur K.O. und zur St.P.O. nachgebildet; sie soll vorwiegend „terminologischer" Art sein; daß nicht nur Gesetze im staatsrechtlichen Sinn, sondern auch autonome Satzungen (PLANCK, NIEDNER) durch den Begriff: Gesetz mit umfaßt sind.

Aber nicht so sehr in dem, was sie direkt ausspricht, liegt die Bedeutung der Bestimmung, als vielmehr in dem, was sie nicht bringt. Die zweite Kommission hat die Bestimmung des ersten Entwurfs gestrichen,[1] welche das Gewohnheitsrecht als eigene Rechtsquelle tatsächlich negierte; es soll unter den Begriff der Rechtsnorm auch das Gewohnheitsrecht fallen. Diese abweichende Auffassung im Gesetze auszusprechen, hat die zweite Kommission absichtlich unterlassen. „Wie sich das Gewohnheitsrecht, solange es bestehe, zu dem geschriebenen Gesetzesrecht verhalte, sei eine Frage, die der Macht des Gesetzgebers entrückt sei." (Protokolle Bd. 6 S. 362.)

Unser Gesetzgeber war sich, wie in praktisch viel bedeutsamerer Weise seine vielfachen Verzichte auf technische Formung und im ganzen seine verhältnismäßige Kürze dartun, der Grenzen seiner Macht durchaus bewußt. Man darf sagen, daß er sich von jener rationalistischen Überhebung frei hielt, der von Justinian bis zur Aufklärungszeit fast alle Gesetzgeber anheimgefallen sind. Freilich ist diese Selbstbescheidung im wesentlichen erst in letzter Stunde, in der zweiten Kommission, durchgedrungen; ein Erfolg der historischen Lehrzeit unserer Wissenschaft, welcher die Meister wohl nicht übermäßig befriedigen würde, die der Nation und ihrer Rechtsproduktion im Jahre 1814 aus Besorgnis vor naturrechtlichen Infektionsstoffen

[1] § 2. „Gewohnheitsrechtliche Normen gelten nur insoweit, als das Gesetz auf Gewohnheitsrecht verweist."

Motive Bd. 1 S. 6. „Der Entwurf . . . erklärt sich gegen das Gewohnheitsrecht. Er versagt demselben die Kraft, das Gesetzesrecht aufzuheben, zu ändern oder zu ergänzen."

diese lange Karenzzeit auferlegten; haben doch die unter der unbestrittenen Herrschaft der historischen Schule erwachsenen Juristen der ersten Kommission mit jener Bestimmung über das Gewohnheitsrecht eine ganz prinzipielle — ja der Theorie nach die eigentlich prinzipielle — Lehre der historischen Schule gänzlich verleugnet.

Für uns aber, für die Frage der Auslegung, ist zunächst folgendes von Bedeutung an der Bestimmung des Art. 2 des E.G.; es gibt also noch weiteres positives Recht außer den Sätzen des B.G.B.; geltendes Recht, das nicht in einem der Paragraphen des B.G.B. enthalten ist.

Was das nun für Recht ist, und vor allem, wo es erkannt werden kann, darauf wird die nächste Antwort lauten, das ist eben das Gewohnheitsrecht. Hier ist nun für uns, d. h. für diejenigen, die sich mit dem nach dem 1. Januar 1900 in Deutschland auf dem Gebiete des bürgerlichen Rechts eingetretenen Rechtszustand zu befassen haben, das Problem der Rechtsquelle in einer Richtung wesentlich vereinfacht. Alles alte Gewohnheitsrecht ist beseitigt; daß sich aber bis jetzt auch noch kein neues deutsches Gewohnheitsrecht gebildet hat, dürfte von niemand bestritten werden. Somit liegt für die vorliegende Untersuchung das Problem des Gewohnheitsrechts nicht unmittelbar im Weg. Es sind jedoch in seiner neueren Behandlung Behauptungen und Neigungen hervorgetreten, die so sehr in der Richtung der hier erhofften Ergebnisse liegen, daß sie in diesem Zusammenhang mindestens von symptomatischer Bedeutung sind.

Die seit der historischen Schule herrschende Vorstellung von den Rechtsquellen leidet, wie mir scheint, vor allem an der im Grunde noch durchaus naturrechtlich-nationalistischen Stellung der Frage; es wird gesucht nach dem Grund der verbindenden Kraft der einzelnen Rechtssätze, der entweder in der sie tragenden Überzeugung des Volks oder in ihrer Verkündnng durch die dazu befugte Stelle liege. Es wird damit in der Theorie gerade das verleugnet, was im einzelnen wirklich eine Errungenschaft der historischen Schule war; nämlich, daß es vor allem einmal gelte, die historischen Tatsachen, das lebende Recht, zu erforschen,[1] statt zu fragen, aus welchem Grunde denn der einzelne Satz gelte, was im Grunde nichts anderes ist als die Frage, ob er so gelten sollte.

---

[1] Die erste Aufgabe der Gesetzgeber sei, „das unabhängig von ihnen seiende Recht zu erkennen und auszusprechen"; Savigny in Bd. I der Zeitschr. für geschichtliche Rechtswissenschaft S. 384. Rezension von v. Gönner, Über Gesetzgebung und Rechtswissenschaft in unserer Zeit.

Die historische Schule verglich bekanntlich gern das Recht mit der Sprache; vgl. unter anderm § 2 von Savignys Vom Beruf unserer Zeit für Gesetzgebung usw. Unter dem direkten Einfluß Savignys formulierte Grimm die Aufgabe der Sprach-

„Das Rangverhältnis zwischen Gesetzes- und Gewohnheitsrecht ist als eine Tatfrage aufzufassen; es kommt darauf an, ob rein tatsächlich die Macht des Gesetzes oder die Macht des Gewohnheitsrechts die stärkere ist",[1] sagt COSACK (Lehrbuch des deutschen bürgerlichen Rechts § 10), und es wird dann auch — was meines Erachtens unabweisbar ist, wenn man mit jener Auffassung Ernst macht, — die unerwünschte, weil „zweifellos den Regeln der Reichsverfassung und des E.G. zum B.G.B. widersprechende", Konsequenz gezogen, daß Reichsrecht durch Landesgewohnheitsrecht abgeändert oder aufgehoben werden kann.[2] Das mag manchem noch herausfordernd klingen; aber es scheint mir durchaus übereinzukommen mit den Ergebnissen der beiden wichtigsten Untersuchungen, die die Frage in neuerer Zeit und nach PUCHTA erfahren hat, durch ZITELMANN und RÜMELIN.[3] Das wesentliche Ergebnis dieser Untersuchungen, ein Ergebnis allerdings vorwiegend negativer Art, möchte ich mit WINDSCHEID-KIPP in zweifacher Richtung suchen; daß weder die Gestattungs- noch die Überzeugungstheorie den Grund der Geltung angibt; und zweitens in der damit eng zusammenhängenden Erkenntnis, daß sich niemals ein Zeitpunkt des formellen Positivwerdens feststellen

---

wissenschaft in ganz entsprechender Weise, daß es sich nicht darum handle, Gesetze der Sprache aufzustellen, sondern die vorhandenen zu erkennen; und neuerdings hat man sogar in der Theologie die Forderung erhoben, man müsse vor allem den vorhandenen Bestand an im Volke lebendigen religiösen Vorstellungen kennen zu lernen suchen, wenn man als Theologe und Lehrer auf diese Vorstellungen einwirken wolle; vgl. DREWS, Religiöse Volkskunde, in den hessischen Blättern für Volkskunde, 1902, Gießen, vom 2. Heft ab Leipzig, Teubner.

[1] Welche gänzliche Ausschaltung jenes naturrechtlichen Bestandteils der Fragestellung, — den freilich in anderer Form wieder einzusetzen den Gegenstand dieses Versuchs bildet — dem Standpunkt der historischen Sehule nur durchaus gemäß sein müßte.

[2] Im alten Reich war bekanntlich das gemeine Recht das subsidiäre, und das kommt überein mit dem sonst geltenden Grundsatz, daß die speziellere Regelung der allgemeinen, also das Recht des engeren Kreises dem des weiteren, vorgeht; während der gegenteilige Standpunkt unserer Reichsverfassung umgekehrt als der allein entsprechende erscheinen muß für eine Auffassung, die Recht und Staatswillen identifiziert, für den klassizistischen Staatsgedanken, der wie H. TAINE (Origines de la France contemporaine, Le regime moderne. Übersetzung von KATSCHER) sich ausdrückt, „die menschliche Gesellschaft nicht vom modernen, germanischen, christlichen Standpunkt auffaßt als ein Zusammenwirken von unten ausgehender Initiativen, sondern in der Weise des Altertums, der Heiden, der Romanen, als eine Stufenleiter von oben eingesetzter Obrigkeiten".

[3] ZITELMANN, Gewohnheitsrecht und Irrtum, im Archiv für die zivilistische Praxis Bd. 66 Neue Folge Bd. 16.

G. RÜMELIN, Das Gewohnheitsrecht, in IHERINGS Jahrbüchern für Dogmatik usw. Bd. 27.

läßt, wie ihn die positivistische Theorie[1] für jeden geltenden Rechtssatz verlangt; daß jedes abändernde Gewohnheitsrecht[2] ursprünglich einmal plötzlich, für die herrschende Rechtsquellentheorie also durch Rechtsbruch, entsteht.[3] In Verbindung mit einer Auffassung des Gesetzesrechts, daß das, „was der Gesetzgeber von sich aus fertig zu bringen vermag, noch kein geltendes Recht, nur ein Plan, nur der Entwurf einer zukünftigen erwünschten Rechtsordnung sei",[4] liegt darin — zwar noch nicht die Lösung des Dualismus: Entstehung durch Gesetz oder Gewohnheit — aber jedenfalls die Beseitigung der Antinomie der Auffassungen von Rationalismus und historischer Schule über das Verhältnis der beiden Arten; indem nämlich beide Anschauungen verlassen werden. Es ist heute wohl die allgemeine Ansicht, daß jener schicksalsschwere rechtsphilosophische Irrtum der Revolutionszeit[5] nur durch eine nach der anderen Seite abwegige Lehre ersetzt wurde, die, wenn auch weniger folgenschwer,[6] inhaltlich vielleicht noch weniger befriedigend war, indem sie im Gegen-

---

[1] Vgl. Bergbohm, Jurisprudenz und Rechtsphilosophie S. 498, 546 u. a.

[2] Nicht nur das in Widerspruch zu einem das Gewohnheitsrecht verbietenden Rechtssatz Entstandene; so Windscheid-Kipp.

[3] So schon vor diesen Untersuchungen die vorzügliche Schrift von Adickes, Zur Lehre von den Rechtsquellen 1872 S. 75. Vgl. auch Schuppe, Das Gewohnheitsrecht S. 129ff.

[4] Oskar Bülow, Gesetz und Richteramt.

Besser wohl in der Fassung Windscheid-Kipp, Pandekten § 14: „Gesetz ist der Ausspruch des Staats, daß etwas Recht sein soll"; mehr als nur „erwünscht" ist das so Verfügte doch allerdings: wovon noch unten.

[5] Nicht so sehr der naturrechtlichen Schule; „die ungeschichtliche Schule", die annimmt, „das Recht werde in jedem Augenblick durch die mit der gesetzgebenden Gewalt versehenen Personen mit Willkür hervorgebracht, ganz unabhängig von dem Recht der vorangegangenen Zeit", (Savigny, Über den Zweck der Zeitschrift für geschichtliche Rechtswissenschaft) ist in dieser Gestalt doch wohl mehr eine Schöpfung der gegnerischen Polemik.

Es war ja nicht mehr die eigentliche naturrechtliche Schule, sondern die sich daran anknüpfende populäre politische Schriftstellerei, auf deren Lehren das gewaltsame Experiment gemacht wurde. Vgl. De Tocqueville, L'ancien régime et la revolution, Oeuvres complètes S. 216. „Quand on étudie l'histoire de notre révolution, on voit qu'elle a été *menée précisément dans le même esprit qui a fait écrire tant de livres abstraits sur le gouvernement.* Carlyle, The French revolution Bd. 2 Buch V Kap. 1 „Twelve Hundred human individuals, with the Gospel of Jean-Jacques Rousseau in their pocket, congregating in the name of Twenty-five Millions with full assurance of faith, to „*make the Constitution:*" such sight, the *acme* and main product *of the Eighteenth Century.*" Ein bloßes Schulproblem ist die Frage nach der Entstehung von geltendem Recht wahrlich nicht.

[6] Wenn auch seinerzeit aktuell genug, im Kampf gegen Thibaut und gegen die nationale Sehnsucht nach einem einheitlichen Recht.

satz zu jener in sich klaren nur eben der Kompliziertheit der Erscheinungen nicht gerecht werdenden Lehre auch in sich unklar und widerspruchsvoll war.

Wenn, wie der Rechtsphilosoph der historischen Schule sich ausdrückt, dem Rationalismus allgemein die Vorstellung des Entstehens fehlte,[1] so hat jedenfalls „der mystische Spiritualismus der historischen Schule“ und ihr berühmter Tropus vom organischen Wachstum eine theoretisch befriedigende Vorstellung von diesem Entstehen nicht geschaffen. Die allgemeinen Verwahrungen aber zugunsten des Anteils menschlicher Tat an der Rechtsentwickelung, welche man in der Folgezeit gelegentlich machte,[2] gaben nicht Anlaß zu dem Unternehmen, eine nähere Vorstellung zu geben von jener merkwürdigen Art des Entstehens und der Veränderung von Erscheinungen, welche zwischen zwei doch an sich unvereinbaren Dingen, freier menschlicher Schöpfung und naturgesetzlichem Geschehen,[3] mitten inne zu stehen scheint.

Aber es ist nicht so sehr dieses rein wissenschaftliche Problem — dessen Lösung meines Erachtens zu suchen ist in der richtigen Unterscheidung von rechtlicher Einzelerscheinung einerseits, welche allemal menschliche Aktion ist, und dem als „Massenwirkung psychischer Kräfte“ aus diesen Einzelerscheinungen abstrahierten daher bedingten und abhängigen Allgemeinbegriff oder Rechtssatz andererseits — es ist nicht so sehr, sagen wir, dieses rein theoretische Problem, das uns hier interessiert, von so fundamentaler Wichtigkeit es auch als solches ist.[4]

---

[1] Stahl, Die Philosophie des Rechts Bd. 1, Geschichte der Rechtsphilosophie Buch 3 3. Abschnitt „so betrachten sie alle geschichtlichen Erscheinungen als menschliche Erzeugung. Es fehlt dem ganzen Zeitalter beinah die Vorstellung, wie sich etwas anders habe bilden können, als daß Menschen es wissend und wollend gemacht hätten.“

[2] Ihering, Geist des römischen Rechts Bd. 3, 4. Aufl. S. 6. Bekker, Über den Streit der historischen und philosophischen Rechtsschule, Rektorats-Rede, Heidelberg 1886, S. 14. Bekker, Vier Pandektisten S. 140.

[3] Die Behandlung des Problems der Entstehung des Volkslieds hat eine ganz ähnliche Dogmengeschichte, mit ganz entsprechenden Erscheinungen: „Das Volkslied dichtet sich selbst.“

[4] Man hat den Begriff der Entwicklung als die eigentliche Errungenschaft der deutschen Geisteswissenschaften im 19. Jahrhundert angesehen (Taine, L'Idéalisme anglais, étude sur Carlyle); deren Aufstieg ja zu einem bedeutsamen Anteil auf Anregungen seitens unserer Wissenschaft zurückgeht; Marburg — Savigny — Grimm. Die Verwertung aber des Entwicklungsbegriffs auf unserem Erscheinungsgebiet ist meines Erachtens erst möglich nach einer Auseinandersetzung in der im Text bezeichneten Richtung; ohne das ist es entweder rein bildlich oder mystisch-vitalistisch, wenn man von Entwicklung spricht bei diesen Erscheinungen, die doch eben nicht Lebensvorgänge eines Organismus sind.

Die theoretische Frage, wie entsteht das geltende Recht, ohne deren befriedigende Beantwortung man freilich Jahrtausende leben konnte, tritt auch in der Gestalt auf: was ist hier als geltendes Recht entstanden, was ist hier geltender Rechtssatz; und in dieser Gestalt heischt sie nun, in dem nach dem 1. Januar 1900 auf dem Gebiet des Privatrechts eingetretenen Rechtszustand, Stellungnahme und eine relative Antwort von jedem Tag und seinem Bedürfnis, ist sie ein dringendstes Problem des praktischen Rechtslebens. Bei der Fülle des in den Pandekten niedergelegten Rechtsstoffs und besonders bei der induktiven immer vom einzelnen ausgehenden Art und Weise seiner Fassung — Gegensatz: umfassende systematisierende Sätze eines Gesetzbuchs — ließ sich die Fiktion von der „logischen Geschlossenheit" des geltenden Rechts noch mit einer gewissen Scheinbarkeit aufrecht erhalten.[1]

Heute wird auch der, der jene Fiktion als Postulat aufrecht erhält, sich der Tatsache nicht verschließen können, daß an einer ganzen Reihe von Stellen, wo das Kodifikationsprinzip reine Tafel gemacht hat, uns doch der Kodex keine den auftretenden Konflikt betreffende Rechtsregel an die Hand gibt. Und die Folge davon ist dann, da eben die Entscheidung immer gefunden werden muß, eine höchst auffallende und, wie mir scheint, in dieser Form neuartige Unsicherheit[2] darüber, ob denn bestimmte Rechtssätze eigentlich als geltendes Recht bei uns anzusehen sind oder nicht.

Im Abschnitt über das internationale Privatrecht bringt ENDEMANN (Einführung in das Studium des B.G.B. § 19) direkt eine Reihe von Sätzen aus dem gemeinen Recht; wenn nun diese hier noch ausdrücklich nur in der Weise gebracht werden, daß sie lediglich eine Unterlage geben sollen für ein zu bildendes gemeines Gewohnheitsrecht, so setzt sich diese Art der Heranziehung gemeinrechtlicher Sätze im neuen Rechtszustand ja allerdings formell noch nicht in Widerspruch mit der herrschenden Lehre von den Rechtsquellen.

---

[1] Weil nämlich diese Rechtsquelle an sich sehr wenig positiv war; vgl. SALEILLES, Méthode historique et codification, Vortrag auf dem Historikerkongreß in Rom, 1903, Atti del congresso internationale etc. Vol. IX S. 11: „Or dans l'Allemagne du XIXe siècle, à ne prendre tout au moins que le droit commun allemand, les sources du droit privé, pour s'en tenir surtout au droit civil, étaient *très peu la loi écrite*, qui n'intervenait que rarement, et très peu également la coutume, qui, quoi qu'on dise, intervenait encore moins. Il restait alors une *source lointaine*, *plus idéale que positive*, qui était le droit Romain."

[2] Vgl. v. BLUME in IHERINGS Jahrbüchern Bd. 51. Versäumniß des Empfanges von Willenserklärungen, „es ist in neuerer Zeit über die Methode der Gesetzes-Auslegung mancherlei geschrieben worden, Gutes und Mindergutes. Jedenfalls noch lange nicht genug. Daß wir uns über die Stellung des Richters zum Gesetz und über die Handhabung des Gesetzes endlich einmal klar werden müssen ..."

Aber etwas ganz anderes ist es schon, wenn man, wie z. B. OERTMANN (Die Vorteilsausgleichung beim Schadensersatzanspruch, Berlin 1901) gemeinrechtliche Sätze unter Berufung auf ihren wissenschaftlichen Wert heranzieht. Es fragt sich, wie das angeht. Die historische Schule hat ja allerdings wohl von einem Recht der Wissenschaft und sogar direkt von der Wissenschaft der Jurisprudenz als einer dritten Rechtsquelle gesprochen (PUCHTA, Institutionen Bd. 1 § 15), aber offiziell doch eben nur als eines Mittels der Auslegung des überlieferten Rechts,[1] wobei von SAVIGNYS vier Arten der Auslegung nur die von ihm sogenannte systematische als eine solche Quelle partiell neuen Rechtsstoffs in Betracht käme. So eng, als bloße Auslegung, kann das aber an der betreffenden Stelle bei OERTMANN nicht gemeint sein. Und sicherlich ist es eine Berufung auf autoritative Geltung des Satzes, und nicht nur auf seinen wissenschaftlichen Wert, wenn STAMMLER[2] die Kritik oder Ablehnung eines Satzes der Digesten für das heutige Recht (in meinen Bereicherungsansprüchen etc.) als ein Verfahren bezeichnet, durch das man sich in unmittelbaren Gegensatz zu den Quellen setze. So drängt sich heute die Frage, „ob mit unserer bisherigen Theorie von den Rechtsquellen auszukommen ist" (BIERMANN) in ganz anderer Weise auf als im bisherigen Rechtszustand. Wenn heute in Untersuchungen über Einzelheiten unseres positiven Rechts einfach die Forderung sich findet, daß „schließlich die Entscheidung gefällt werden muß nach der Praktikabilität der Resultate",[3] wenn die „logische Ausbeutung" der positiven Bestimmung gegenüber solchen Erwägungen in einer Weise zurücktritt, wie das z. B. der Fall war bei den Verhandlungen des Innsbrucker Juristentages über den Differenzanspruch beim Schadenersatz wegen Nichterfüllung eines gegenseitigen Vertrages, so bedeutet das vielleicht nicht so sehr eine Änderung des tatsächlichen Verhaltens zu den Quellen gegenüber den bisherigen Verfahren. Aber es ist damit etwas offen hervorgetreten, das bisher

[1] Bei einer ganzen Reihe von Rechtssätzen des gemeinen Rechts, in der Irrtumslehre, in internationalem Privatrecht, wäre freilich, wenn man nach dem Zeitpunkt ihres Positivitäterlangens im Sinne BERGBOHMS forschen wollte, doch tatsächlich nur ihre wissenschaftliche Aufstellung durch SAVIGNY zu nennen; wovon noch unten.

[2] Zur Lehre von der ungerechtfertigten Bereicherung nach dem B.G.B., Hallesche Festgabe für Fitting, Halle a./S. 1903, S. 15: „Ulpianus sagt: Si parendi condicioni causa tibi dedero decem, mox repudiavero hereditatem vel legatum, possum condicere (D. XII 4, 1, 1). Der Verfasser hält das in dieser allgemeinen Aussprache für nicht richtig. Aber es ist nun einmal Satz des römischen Rechtes; und da das geltende Recht das letztere hier grundsätzlich hat aufnehmen wollen, so ist es auch als Regel unserer Rechtsordnung anzunehmen."

[3] M. RÜMELIN, Das Handeln in fremdem Namen im B.G.B., im Archiv für die zivilistische Praxis Bd. 93, Neue Folge Bd. 43 1902 S. 241.

durch vielfache Verfolgungen gezwungen war, ein latitierendes Dasein zu führen. Es ist nichts anderes, als das alte Problem des Naturrechts, oder besser, im Anschluß an den Ausgangspunkt dieser Ausführungen (§ 2 E.G. B.G.B.) und ganz ohne Vorannahme — welche ja in dem „natürlich“ liegt — das Problem der Existenz von geltendem Recht außer dem in Gesetz und Gewohnheit überlieferten; wir dürfen nun für unsern Rechtszustand einfach sagen, außer den im Gesetz enthaltenen Rechtssätzen.

„Reden wir doch einmal ganz offen untereinander,“ ruft OTTO BÄHR in einer Polemik mit WINDSCHEID diesem zu:[1] „Die Lehre IHERINGS über culpa in contrahendo und die Leistung des negativen Vertragsinteresse ist ja nicht den römischen Rechtsquellen entnommen. Sie ist von IHERING aufgestellt, um einem praktischen Bedürfnis zu genügen . . . . . Wer der IHERINGschen Lehre sich anschließt, der hat wahrlich keinen Grund als ein quellengetreuer Mann mit Stolz zu sagen (wie WINDSCHEID BÄHR gegenüber tat): ich fürchte, Rechtsgefühl und das Gefühl praktischer Gerechtigkeit sind für die positive Geltung eines Rechtssatzes sehr ungenügende Grundlagen.“

Ja, ist aber denn nicht dieser Einwand WINDSCHEIDS, mag er hier auch angebrachterweise wie unter Auguren erledigt werden, an sich unbestreitbar richtig? Daß ein Satz, weil er zweckmäßig ist, oder richtiger, weil er von diesem oder einigen oder auch vielen Angehörigen eines bestimmten Rechtskreises als passend empfunden wird, um deswillen noch nicht geltendes Recht dieses Kreises ist, das ist doch nun wirklich ganz unzweifelhaft. Und ich glaube, man setzt sich in diesem Fall nicht dem allerdings sonst bei dem Auftreten derartiger Ausdrücke in wissenschaftlichen Erörterungen manchmal begründeten Verdacht aus, daß man solche Bestärkungen, wie unzweifelhaft, offenbar usw. eben dann anwende, wenn man um bessere Gründe verlegen ist.

OSKAR BÜLOW hat in seinem Gesetz- und Richteramt im Anschluß an IHERING auf die große theoretische Bedeutung einer richtigen Auseinanderhaltung von Rechtssatz und Individualgebot hingewiesen; geltender Rechts*satz* einerseits und zweckmäßiger Rechts*satz* andererseits sind etwas durchaus Verschiedenes und keine Brücke führt von diesem zu jenem. Aber ganz anders ist das Verhältnis von Rechts*satz* d. h. der Aussage darüber, daß ein allgemein charakterisierter Tatbestand eine bestimmte rechtliche Folge habe, und Rechtsbefehl, d. h. der Aussage darüber, daß das oder das in concreto Rechtens ist; bei welcher Aussage oder logischem Urteil,

[1] BÄHR, Urteile des Reichsgerichts mit Besprechungen, München-Leipzig 1883, S. 13.

dem ein Imperativ hinzugefügt sein **kann** (vgl. unten), nicht nur an das vom Richter ausgehende Urteil zu denken ist, sondern vor allem auf die glücklicherweise im Verkehr ja viel zahlreicheren Fälle, wo der Verpflichtete selber dieses Urteil fällt, indem er dem Recht genügt.[1]

Dieses logische Einzelurteil ist nun darauf zu untersuchen, welcher Art seine Bestimmungsgründe sind; in **ihm liegt meines Erachtens die Verbindung zwischen dem „positiven" und jenem anderen Recht**; liegt der Weg zu einem einheitlichen, „monistischen", Begriff vom geltenden Recht.[2]

In seinem zu einer gewissen Berühmtheit gelangten Vortrag aus dem Jahre 1848 „Von der Wertlosigkeit der Jurisprudenz als

[1] Da rechtliche, moralische, Anstands-Pflicht idealiter konkurrieren können, kann es freilich zweifelhaft sein, ob der freiwillig Zahlende gerade auf Grund eines rechtlichen Urteils gehandelt hat; doch wird die Unterscheidung prinzipiell immer möglich sein. Zahlt jemand etwa heute den Ehemäklerlohn, weil er das Sichberufen auf die mangelnde Klagbarkeit für unanständig hält oder weil er die Nachrede darüber fürchtet, so ist es eben nicht eine Rechtspflicht, der er genügt.

EHRLICH wirft einmal, Soziologie und Jurisprudenz, Zukunft, Jahrg. XIV S. 232, die Frage auf, ob denn in gewissen rumänisch bevölkerten Gegenden, wo eine sehr scharfe patria potestas und Unselbständigkeit der Haussöhne bestehe und wo z. B. allgemein der Arbeitslohn für die nach dem österreichischen Gesetz längst mündigen Haussöhne an den Vater gezahlt werde und die Haussöhne sich das stets gefallen ließen, der österreichische Mündigkeitstermin wirklich **geltendes** Recht sei. Ich glaube, man wird die Verschiedenheit der moralischen oder Anstandspflicht von der rechtlichen auch da, wo man sich über die eventuelle Gerichtshilfe gänzlich im unklaren ist, doch insofern deutlich empfinden, als man bei Pflichten der ersten Art zwar auch unter einem Zwang, vielleicht unter einem sehr starken gesellschaftlichen Zwang handelt, aber eben nicht unter dem Zwang der Vorstellung, daß das Gegenüber jenes Verhalten verlangen kann, daß im andern Falle das Gegenüber unter Zustimmung der Gemeinschaft als auf eine Verletzung gegen unser Verhalten reagieren dürfe. Haben die rumänischen Haussöhne diese Vorstellung, daß ihr Andershandeln eine Verletzung des Vaters bedeuten würde, die dieser nicht zu dulden brauche, so gehorchen sie allerdings mit ihrem Verhalten ihren **Rechtsbegriffen**; aber es liegt dann eben der häufige Fall subjektiv irriger Vorstellungen über das geltende Recht vor. Wo der Staat die Zwangsreaktion dem Verletzten beziehentlich seiner Sippe aus der Hand genommen und im Monopol hat, entscheidet seine Ansicht; meines Erachtens ist also doch das österreichische Familienrecht dort geltendes Recht und nicht das rumänisch-altrömische.

Vgl. übrigens noch weiter unten.

So auch STINTZING, Von der Entstehung des Rechts, 1863; ich entnehme das Zitat ZITELMANN; diejenige rechtliche Ansicht des Volkes wird Recht, „der die Genossenschaft oder das Gericht von ihr erfüllt seine Hilfe verheißt und gewährt."

[2] Wie in der richtigen Erkenntnis des Verhältnisses von rechtlicher Einzelerscheinung und rechtlicher Verallgemeinerung oder Rechtssatz der Weg zu einer rationellen Vorstellung von Entwicklung in rechtlichen Erscheinungen, vgl. oben Anm. 4. S. 7.

Wissenschaft" hat v. KIRCHMANN[1] wohl zuerst in dieser Schärfe darauf hingewiesen, daß sehr häufig die langatmige, verwickelte, mit erheblichem Aufwand von Scharfsinn und Kenntnissen zustande gekommene logische Schlußfolgerung aus der Gesetzesstelle, womit ein Urteil zu einem bestimmten Ergebnis gelangt, insofern nur Schein ist, als tatsächlich die Rücksicht auf ein erstrebtes praktisches Ergebnis in der Seele des Richters jenes Urteil erzeugte, was v. KIRCHMANN sehr anschaulich damit erläutert, daß er zwei aufeinanderfolgende Plenarbeschlüsse des geheimen Obertribunals nebeneinanderstellt, die auf Grund derselben einfachen Gesetzesstelle im einen Fall zur Formfreiheit, im andern zur Formalisierung einer Verfügung gelangen und die nun einen großen Aufwand von Auseinandersetzungen brauchen, um diese beiden entgegengesetzten Ergebnisse aus derselben Gesetzesstelle herzuleiten.

Sehr viele Richtersprüche sind nicht logische Folgerungen aus dem überlieferten Rechtssatz, als welche sich alle formell geben, sondern sind nach GUSTAV RÜMELINS berühmter Formulierung: Werturteile und Willensentscheidungen.

Das Wesen dieser Entscheidungen, bei der das zeitliche und kausale Verhältnis des Erkenntnisses zu seinen Gründen sich umkehrt,[2] besteht nun nicht darin, daß wirklich eine ratio sufficiens agendi, ein motivbestimmter Willensakt, vierte Form des Satzes vom zureichenden Grunde, vorliegt; sondern es liegt auch bei solchen Urteilen eine Funktion des Erkennens und nicht eine Funktion des Willens vor. Der Richter gibt das Urteil ab, daß das und das seiner Meinung nach hier Rechtens sei, und das hält er für wahr, d. h. er hat eine ratio sufficiens cognoscendi (zweite Form des Satzes vom

---

[1] Meines Erachtens sollte man gegenüber den Schwestern der universitas litterarum — als Jurist sollten wir freilich auch diese Verwendung unseres technischen Ausdrucks als bonmot vermeiden — ruhig zugeben, daß unsere Hantierung keine reine Wissenschaft ist, sondern daß sie einen praktischen Zweck erfüllen soll und dem Leben zu dienen hat. Das mag dem Famulus Wagner banausisch klingen, dem das Pergament der heilige Bronnen ist usw. usw.; dem sterbenden Faust ist es der Weisheit letzter Schluß, daß das Wirken mehr ist als das Wissen. Pardon; aber warum soll man nicht auch einmal das Maul vollnehmen dürfen.

[2] R. MERKEL, Die Kollision rechtmäßiger Interessen und die Schadensersatzpflicht bei rechtmäßigen Handlungen S. 63: „Offenbar ist hier jedermann mit der Entscheidung fertig, ehe er eine positiv rechtliche Begründung dafür hat. Diese wird nachträglich gesucht und dann auch irgendwie zur Befriedigung des Suchenden gefunden."

GENY, Méthode d'interprétation et sources en droit civil positif S. 489: Je fais appel à l'expérience de tous ceux, qui ont réfléchi aux problèmes du droit positif, pour affirmer que, dans nombres de ces problèmes, la solution juste est acquise par *sentiment instinctif* plus que par raisonnement.

zureichenden Grunde, SCHOPENHAUER) dafür;[1] er gibt nur bei Entscheidungen der oben gekennzeichneten Art einen anderen Erkennensgrund an als den, der ihn wirklich bestimmt hat; er wird, um ein oft gebrauchtes Beispiel zu nennen, tatsächlich zu dem Urteil, daß die Schadensersatzpflicht der Bahn hier Rechtens sei, durch die Erwägung bestimmt, daß der durch die fliegenden Funken abgebrannte Bauer unbedingt einen Ersatz haben muß; in der Begründung des Urteils aber gibt er an, er sei zur Bejahung der Schadensersatzpflicht bestimmt worden durch das caput tertium der lex Aquilia verbunden mit der Erwägung, daß „der Betrieb einer Eisenbahn immer eine Fahrlässigkeit bedeute"; was der Richter gewiß nicht so töricht war, wirklich zu denken, und wodurch er eben nur ein für die Bejahung der Schadensersatzpflicht in seinem Tatbestand fehlendes Moment hinzufingierte.

Sind nun Erkennensgründe dieser Art — deren regelmäßige mehr oder minder sorgfältige Verschleierung uns nicht mehr über ihr Vorhandensein täuscht — zulässig in einem richterlichen Urteil, d. h. in einer Aussage darüber, was nach dem geltenden Recht im vorliegenden Einzelfall Rechtens ist.[2]

---

[1] Der Richter, sofern er nicht gerade bestochen ist oder sonst sich bewußtermaßen über seine Rechtsüberzeugung hinwegsetzt, folgt doch immer einer Erkenntnis; die vielleicht mehr intuitiv geschöpft ist, als aus Begriffen stammt; aber es ist doch immer die Überzeugung von der Richtigkeit dieser Entscheidung, was ihn diese w o l l e n läßt. Daß BARTOLUS erst die Entscheidungen gemacht habe und sich dann von seinem Freunde TIGRINIUS die dazu passenden Corpus-Juris-Stellen habe nachweisen lassen, ist freilich in gewissem Sinne auch ein Beleg für den Primat des Willens im SCHOPENHAUERschen Sinn, wie GNAEUS FLAVIUS, Der Kampf um die Rechtswissenschaft S. 21, will; aber in dem Sinne, daß der Wille, eine Tendenz, der Erkenntnis den Weg zeigt. Der Richter, der aus seinem Rechtsinstinkt heraus in bestimmter Richtung entscheidet, der Rechtsgenosse, der einem andern gegenüber in einer bestimmten Weise handeln zu müssen glaubt, fällen eben doch Urteile, wenn auch dabei die ratio sufficiens cognoscendi nicht aus erkenntnismäßig fixierten Begriffen geschöpft wird.

Ich setze mich übrigens hiermit auch in Widerspruch zu früher ausgesprochenen Meinungen.

Ist nicht „voluntaristische Wissenschaft" (GNAEUS FLAVIUS) überhaupt eine contradictio in adjecto. Freilich will ja wohl im Grunde nichts anderes damit gesagt sein als was man neuerdings häufig so formuliert hat, daß die Jurisprudenz keine reine Wissenschaft sondern eine Kunst sei, vgl. ZITELMANN, RÜMELIN u. a.

[2] „Das Urteil ist das Ergebnis der Anwendung der maßgebenden Rechtsnormen auf den konkreten Tatbestand. Der Richter ist p r i n z i p i e l l nicht zur Rechtsschöpfung sondern zur Rechtsanwendung berufen; er ist an die Gesetze gebunden, G.V.G. § 1" WEISMANN, Lehrbuch des Zivilprozeßrechts Bd. 1 S. 296.

Dagegen läßt sich an sich gewiß nichts einwenden. Aber die Schwierigkeiten, die ja auch mehr in das Gebiet des materiellen Rechts gehören, werden nur gestreift.

Man pflegt in solchen Fällen zu sprechen von Zweckmäßigkeitserwägungen, von Begründung der Entscheidungsrichtung aus der Natur der Sache, aus der „Interessengrundlage", aus dem Bedürfnis des Verkehrs usw. Dabei kann man nun allerdings nicht stehen bleiben, wenn man sich eine prinzipiellere Rechenschaft zu geben versucht von dem richterlichen Verfahren in diesen Fällen. Wenn wir ein Verfahren als zweckmäßig bezeichnen, so setzen wir voraus einen bestimmten Zweck, zu dessen Erreichung nämlich die gewählten Mittel gemäß, angemessen usw. sind. Wenn wir sagen, diese Regelung oder diese Entscheidung entspricht dem Bedürfnis des Verkehrs, so denken wir dabei doch offenbar an bestimmte Bedürfnisse, und wir werden jene Bezeichnung nicht etwa einem Schuldrecht geben, das dem Bedürfnis des Wucherers vorzüglich entspricht; wir werden bei der Ermittelung der Interessengrundlage einer Verkehrserscheinung nicht die Interessen der Spitzbuben im Auge haben. Mit andern Worten, es ist immer ein bestimmt gearteter, und zwar ein, gewisse moralische Unterscheidungen, um es ganz allgemein auszudrücken, immer schon voraussetzender, Zweck der uns dabei vorschwebt. Es ist wie uns STAMMLER gegenüber der materialistischen Auffassung gelehrt hat, nicht eine reale, etwa technische Natur der Sache, mit der wir in solchen Fällen operieren, sondern allemal eine bestimmte rechtliche Auffassung,[1] die uns als die natürliche angemessene usw. erscheint. Wenn man (IHERING) also gesagt hat, der Zweck ist der Schöpfer des ganzen Rechts, so sagt das nichts über den Inhalt des Rechts aus, sondern betont nur, daß das Recht Menschenwerk ist, was wohl gegenüber einer falschen Lehrmeinung einmal betont

„Prinzipiell"; also Ausnahmen gibt es? „An die Gesetze"; darunter ist aber zu verstehen jede Rechtsnorm; was ist das?

Etwas weiter unten heißt es: „... vollzieht er nicht bloß eine formal logische Operation, sondern fällt Werturteile ... entscheidet auf Grund eigener, freier Abschätzungen und Abwägungen widerstreitender Interessen." Das klingt nun schon nach extremen Formulierungen, mindestens aber an die von STAMPE; dann aber heißt es, jedoch auch da muß er bemüht sein, nicht „nach subjektiven Eindrücken sondern nach Grundsätzen zu urteilen, die dem Gemeinbewußtsein entsprechen ..." „die Frage, ob sich dafür eine allgemeine Methode des ‚richtigen Rechts' aufstellen lasse, muß hier unerörtert bleiben."

GAUPP-STEIN, Civil-Prozeßordnung, Vorbemerkung zu § 300: „Die Entscheidung, das ist die rechtliche und tatsächliche Würdigung des Prozeßstoffs zum Zwecke des Ausspruchs, was in prozessualer oder materieller Beziehung Rechtens sein soll."

[1] STAMMLER, Wirtschaft und Recht § 37. Vgl. noch DÜHRING, Kritische Grundlegung der Volkswirtschaftslehre S. 316: „Die konkreten Satzungen des Verkehrs müssen wenigstens in psychologischer Form gegeben sein, ehe sich irgend etwas über Recht und Unrecht entscheiden läßt ... Auch die Sozialisten begehen einen ähnlichen Irrtum ..." Vgl. auch GÉNY, Méthode d'interprétation et sources en droit privé positif; S. 479, letzter Absatz.

werden mußte,[1] was aber uns heute doch ziemlich selbstverständlich scheint und was auch tatsächlich selbst zur Zeit der dogmatischen Herrschaft jener Lehrmeinung im lebendigen Rechtsleben nicht verkannt werden konnte und nicht verkannt wurde.

Ein Inhaltliches ist es aber stets, das der Richter bei jener den logischen Grund seines Einzelurteils bildenden Zweckmäßigkeitserwägung im Auge hat; und es erhebt sich sofort die Frage, was für ein, ein wie gearteter Zweck ist es denn, dem jene Entscheidung, dem dieser Rechtssatz „gemäß“ ist.

Stammler hat in seiner Lehre vom sozialen Ideal einen obersten Maßstab aufgestellt für jene, wie die historische Betrachtung gelehrt hat, stets wechselnden Inhalte. Ist ein oberster Zweck der Rechtsordnung, mit bestimmten Folgerungen, den Grundsätzen des Achtens, des Teilnehmens usw. feststellbar, so wird mindestens für die Zeit einer ausgebildeten und herrschenden Lehre vom „richtigen Recht“ über jene Zweckmäßigkeitserwägungen inhaltlich etwas Näheres ausgesagt werden können.

Wir können für die vorliegenden Untersuchungen eine Auseinandersetzung über diese letzten Fragen vermeiden; sofern man sich nur bewußt bleibt, daß es freilich immer ein partieller Verzicht auf eine Erklärung ist, wenn man in einer wissenschaftlichen Untersuchung mit einem gefühlsmäßigen, instinktiven usw. Moment arbeitet oder etwas damit zu erklären sucht, wie das im folgenden geschieht. Und es wird einem dann, wenn man eine solche Unterlage offen ein-

[1] Gegenüber der, wie man mit Recht betont hat, in diesem Punkt der materialistischen Auffassung im Ergebnis sehr nahe kommenden historischen Doktrin. Darum scheint es mir doch ungerecht, wie Kohler, Enzyklopädie der Rechtswissenschaft, 6. Aufl. der Holtzendorffschen, S. 14, Iherings Zweck im Recht behandelt. Gewiß kann im einzelnen viel, sehr viel, mit Grund eingewendet werden; aber war nicht allein schon die Fanfare des Titels eine Tat; gegenüber Naturrechtsrückständen, wie Willensdogma usw., gegenüber dem „für die Naturrechtler typischen“ (Liepmann, Die Rechtsphilosophie des J. J. Rousseau S. 52), aber von der historischen Schule praktisch noch viel strenger festgehaltenen Satz: „daß sich alle Dinge der Welt nach einem Prinzip richten, das ihrem Ursprung konform ist;“ gegenüber der Alleinherrschaft historisch-genetischer Betrachtungsweisen. Man kann die Rechtsordnung nur in historischer Betrachtung verstehen; freilich, weil sie immer vieles enthält, dessen lebendiger Zweck aus der Gegenwart nicht mehr anschaulich zu machen ist; dann aber auch — und das ist das Tiefergehende — weil die „isolierte Vernunft“ der Einzelnen und der bestimmten Zeitstufe die langfristigen Entwicklungstendenzen, bei denen vielfach „erst die Frucht aufklärt, worauf es im Keime abgesehen war“ (Stahl), nicht übersehen kann und die Vernunft der Dinge respektieren soll, die sich im Entstandenen und Wachsenden offenbart. Wenn aber ein Rechtssatz wirklich nur noch historisch zu verstehen ist, dann ist er im Rechtsleben schon ein rudimentärer Teil, wie das Steißbein im menschlichen Skelett und als funktionierendes Organ eben nicht mehr zu verstehen.

gesteht, der Vorwurf unsoliden Aufbauens begründeterweise nicht treffen. Denn auch bevor der Dinge letztes Wesen erkannt ist, müssen wir leben, d. h. muß der Richter und der Gesetzgeber handeln und wir ihnen dabei, von der theoretischen Betrachtung her, als Generalstäbler den Tatmännern, zu helfen versuchen. Und es hat auch wohl noch einen tieferen Grund, daß man sich in diesen letzten Dingen mit einem mehr Gefühlten als Erkannten immer begnügt hat; einen tieferen Grund neben jenem der äußeren Not des täglichen Bedürfnisses, die dazu zwang.

Wilhelm Wundt hat es als eine konstante Form der Entwickelung ethischer Erscheinungen bezeichnet, daß das Sittliche weit eher in der Form sittlicher Tatsachen auftritt, als es in die Sphäre sittlicher Anschauungen erhoben wird; in etwas allgemeinerer Aussprache nennt er das das Gesetz der Heterogonie der Zwecke, daß die erreichten sittlichen Zwecke immer mehr oder weniger weit über die ursprünglichen Motive hinausreichen. Man kann dabei auch an Schopenhauersche Grundauffassungen denken.[1] Von Rechtstakt,

[1] Wird uns, die wir in die Kette der Entwicklung eingegliedert sind, denn dieses am Ende der Dinge stehende soziale Ideal jemals so erkennbar sein, daß uns ein wissenschaftliches Urteil nach Begriffen, die aus ihm abstrahiert sind, möglich wird. Wenn jenes Gesetz wirklich besteht und die ethischen Begriffe immer erst das Hervorgebrachte und Ergebnis ethischer Handlungen sind, also diese in ihren zunächst bloß gefühlten, noch nicht erkannten Zielpunkten den Begriffen immer vorauf sind, wird der Maßstab des richtigen Rechts niemals in logischer Form zur Verfügung stehen; weil in der Jurisprudenz „das Gefühl des Richtigen der Erkenntnis regelmäßig weit voraus ist"; Ihering, Geist des römischen Rechts 2. Teil II 4. Aufl. S. 353.

Vgl. Staffel, Über Stammlers Lehre vom richtigen Recht, in Iherings Jahrbüchern 50. Bd., 2. Folge 14. Bd. S. 320, S. 323 am Ende. Sind jene Aufstellungen, die Idee der Gemeinschaft freiwollender Menschen, die Grundsätze des Achtens, des Teilnehmens wirklich nur formale Prinzipien; wenn nicht, wären sie Naturrecht im alten Sinne. Was mich in jenem Zweifel bestärkt, ist der Umstand, daß meines Erachtens jene Prinzipien gewisse historische Erscheinungen nicht als Recht aufzufassen vermögen, deren generelle Bezeichnung als nicht richtiges, ungerechtes etc. Recht andererseits ganz gewiß falsch, naturrechtlich im alten Sinn, wäre. Treitschke sagt irgendwo, die Einführung der Sklaverei sei ein Kulturfortschritt gewesen; nämlich als sie an die Stelle der Tötung aller Angehörigen des besiegten Stammes trat. Und wenn schon Aristoteles in der berühmten Stelle der Politik (Susemihl, 1, 2 § 3 S. 90) die Sklaverei als rein positiv und dem natürlichen Recht widersprechend, παρὰ φύσιν οὐδὲ δίκαιον, empfindet, so ist Voraussetzung dieses Urteils über „richtiges Recht" — beziehentlich, um das hier aus den nächstfolgenden Ausführungen vorwegzunehmen, über das, was Verletzung ist, was ein Gegenüber an Rücksichtnahme verlangen kann — eine Wertung des Individuums und der individuellen Freiheit, welche eben nicht vorhanden ist auf Kulturstufen, auf denen man das Leben des besiegten Feindes als verwirkt ansieht. Erst der Umstand, daß das Institut beibehalten wird zu einer Zeit, die jene Auffassung längst nicht mehr hatte, gibt ihm jenen Charakter des Unnatürlichen, der Gerechtigkeit Widersprechenden.

Rechtsgefühl hat man immer da gesprochen, wo bei der einzelnen zu treffenden Entscheidung das rein logische Ermitteln zu versagen begann. Aber auch prinzipiellere Untersuchungen haben häufig dahin geführt, daß man sich an einen gewissen Punkt mit dem Hinweis auf unerklärte psychologische Grundlagen begnügte. Lagen der historischen Schule Elemente des Denkens wie Volksüberzeugung, Volksseele nach ihrer ganzen antirationalistischen und romantisierenden Grundstimmung an sich nahe, so führt doch auch und gerade die begründete Kritik ihrer Rechtsquellenlehre zu ähnlichen Elementen zurück. Vor allem die Erkenntnis, daß gerade bei organischer Rechtsentstehung — im Gegensatz zur „nicht organischen" durch Gesetz (Böhlau, Mecklenburgisches Landrecht Bd. I) — sich jener bestimmte historische Zeitpunkt des Positivitäterlangens, der zur Geltung eines Rechtssatzes erforderlich sein soll, eben nicht nachweisen läßt.

Die Beobachtung des unvermittelten Auftretens inhaltlich neuer Einzelbefehle hat Thöl zu der Aufstellung geführt, daß ein auch nur in einem einzigen Urteil angewendeter Rechtssatz damit geltender Rechtssatz geworden sei. Von der nämlichen Beobachtung her kommt Sturm[1] dazu, „das Rechtsgefühl als die empirische Grundlage des Rechts" in den Mittelpunkt seiner Theorie zu stellen, das „psychologisch plötzlich", „unbegründbar" „ohne einen andern als einen gegebenen rechtspsychologischen Grund" in einem bestimmten Kreis entstehende „Gefühl, daß das Getane recht ist".

Ich weise hier auf diese Aufstellungen nur insoweit hin, als ich eben auch für diese Untersuchung eine derartige oder ähnliche Voraussetzung einfach setze. Bei dem folgenden Versuch, den Inhalt jener in so vielen Fällen für das Urteil Rechtens maßgebenden Zweckmäßigkeitserwägungen durch eine schärfere Grenzbestimmung nach einer Seite hin etwas näher zu bestimmen – nämlich durch eine mir möglich scheinende begriffliche Festlegung des rechtlichen Urteils gegenüber dem allgemein ethischen, welche hier vielfach durcheinandergehen – bei diesem Versuch sagen wir, wird die Tatsache, daß wir zwischen recht und unrecht, moralisch und unmoralisch, gefühlsmäßig unterscheiden, einfach als gegeben angenommen; als eine vielleicht einer eigentlichen Erklärung noch ermangelnde vielleicht auch einer letzten begrifflichen Auflösung unzugängliche, jedenfalls aber der Erörterung ihrer Realität nicht weiter bedürfende Erscheinung.

---

[1] Sturm, Revision der gemeinrechtlichen Lehre vom Gewohnheitsrecht, Leipzig 1900, vgl. S. 3, 8, 10, 202.

Was Sturm S. 203 mir gegenüber rügt, daß man mit der von mir in der Gießener Festgabe für Dernburg, Von der logischen Geschlossenheit des Rechts, versuchten Formel über bloße Gewohnheit und Gewohnheitszwang nicht herauskomme, ist begründet; eine Korrektur wird mit den folgenden Ausführungen versucht.

Daß an uns Juristen das Recht regelmäßig erst in der Negation, als Verletzung, herantritt, ist bekannt; als Verletzung, was nicht dasselbe ist wie: im Fall des eingetretenen Konflikts, in welchem der Jurist allerdings meist erst gerufen wird, in dessen Lösung allein aber sich glücklicherweise seine Tätigkeit nicht erschöpft. Sondern wo immer wir ein Verhältnis, auch bei der Beobachtung der Norm durch die Beteiligten, juristisch betrachten, wird uns das dem Recht Gemäße durch sein Gegenteil anschaulich.[1] „Der Begriff des Unrechts", sagt Schopenhauer,[2] „ist der ursprüngliche und positive, der ihm entgegengesetzte des Rechts ist der abgeleitete und negative", welcher „bloß die Handlungen bezeichnet, welche man ausüben kann ohne andere zu verletzen d. h. ohne unrecht zu tun". (Grundlage der Moral, BROCKHAUS S. 217.) Man hat immer empfunden, daß der äußere Zwang ein wesentliches Begriffsmerkmal der rechtlichen gegenüber allgemein ethischen Normen bilde. Aber man hatte bei der Fassung zu ausschließlich die Zustände des entwickelten Rechtsstaats vor Augen und dadurch wurde die ganze Begriffsbestimmung zu eng. Nicht in dem staatlichen Erzwungenwerden jener Normen erst ist dieses Moment gegeben sondern in dem Anspruch des Gegenübers auf ein bestimmtes Verhalten. Man konnte niemals die zentrale Stellung ganz verkennen, die hier, der Pflicht gegenüber, die das Sittengesetz allein kennt, beim Rechtsgesetz deren Korrelat, das Recht auf die Pflichtbefolgung, einnimmt.[3] Moralische und rechtliche Pflichten treffen bekanntlich vielfach inhaltlich zusammen; ein bestimmtes Verhalten ist dann Rechtspflicht, wenn ein anderer es verlangen kann, wenn er einen Anspruch hat auf die Befolgung der Pflicht; wenn dieser andere das Zuwiderhandeln des Gegenübers gegen die Pflicht, sein Unterlassen oder Handeln, sich nicht gefallen zu lassen braucht, sondern in diesem Fall eine Zwangsreaktion eintreten zu lassen be-

[1] Wenn unser Gesetzbuch im § 903 das Recht des Eigentümers dahin bestimmt, daß er mit der Sache nach Belieben verfahren und andere von ihrer Einwirkung ausschließen könnte, so ist nur der letzte Teil dieser Begriffsbestimmung juristischer Art; der erstere knüpft an an das Genußobjekt, an das substantielle Moment, und enthält keine Aussage darüber, was einer vom andern verlangen kann.

[2] Welt als Wille usw. Bd. 1 Brockhaussche Ausgabe S. 400.

[3] WINDSCHEID-KIPP, Pandekten Bd. 1 § 37 Anm. 4 „ich sehe den Gegensatz zwischen dem Rechtsgesetz und dem Sittengesetz darin, daß die Gebote des Sittengesetzes Gebote schlechthin sind, die Gebote des Rechtsgesetzes Gebote um eines Andern Willen, ... bei dem Sittengesetz ist nichts da, als die Pflicht; bei dem Rechtsgesetz ist die Pflicht da kraft des gewährten Rechts ... das Sittengesetz setzt Pflichten, das Rechtsgesetz verleiht Rechte." — KNAPP, System der Rechtsphilosophie S. 189: „... das Recht aber, da sein zwangsweiser Vollzug wesentlich transitiv d. h. immer von einem Subjekt gegen das andere geschieht, sich also zu den zwingenden Gewissensaffekten wie ein Zwiegespräch zum Selbstgespräch verhält."

fugt ist; was in entwickelten Verhältnissen heißt, daß staatlicher Erfüllungs-, Ersatz- oder Strafzwang auf Anrufen eintritt, und was auf dieser Entwickelungsstufe nur noch ganz ausnahmsweise die ursprüngliche Bedeutung hat; nämlich daß er, der Berechtigte, wenn er nun seinerseits Gewalt anwendet, um den Gegner zur Erfüllung seiner Pflicht anzuhalten, damit eine Verletzung nicht begeht.[1] Ob der Ver-

[1] SCHOPENHAUER a. a. O.: „Der Begriff des Rechts, als der Negation des Unrechts, hat aber seine hauptsächliche Anwendung und ohne Zweifel auch seine erste Entstehung gefunden in den Fällen, wo versuchtes Unrecht durch Gewalt abgewehrt wird, welche Abwehrung nicht selbst wieder Unrecht sein kann.“

Im deutschen Recht greift bekanntlich in Fällen, wo wir heute staatlichen Strafzwang eintreten lassen, die Gesetzgebung zunächst so ein, daß sie bestimmte Leistungen festsetzt, gegen welche der Verletzte auf seine Zwangsreaktion gegenüber dem Verletzer verzichten muß. Wenn das MONTESQUIEU zu der Bemerkung veranlaßt: De L'esprit de Loix, Buch 30 Kap. 20, que chez les Germains, à la différence de tous le autres peuples, la justice le rendoit pour protéger le criminel contre celui qu'il avait offensé,“ so trifft darauf noch nicht einmal so sehr jene freilich sonst sehr häufig zutreffende Beobachtung ROBERT v. MOHLS (Enzyklopädie der Staatswissenschaften S. 557) zu, daß MONTESQUIEUS Bemerkungen vielfach „mehr auf Glanz als auf ruhige Wahrheit der Grundlage“ berechnet seien. Es sei dazu eine kleine Abschweifung gestattet. Die großen Meinungsgegensätze, die nun bei den Arbeiten zur Reform des Deutschen Strafrechts hervortreten, dürften auf tieferen und prinzipielleren Gründen beruhen, als es scheint und als es im allgemeinen zugegeben wird. Muß nicht gegenüber allzu individualistischen Erwägungen aus der Seele des Verletzers heraus die ursprüngliche Aufgabe der staatlichen Strafe wieder oder mindestens auch zu einem entsprechenden Ausdruck kommen, nämlich ihre Aufgabe, den Rechtsfrieden dadurch zu sichern, daß sie dem Verletzten als eine Reaktion auf die Verletzung erscheint, bei der er sich beruhigt. Jedenfalls scheint mir dieser Gesichtspunkt für manche positiv-historische Erscheinung bezüglich der Proportionalität von Verbrechen und Strafe eine einleuchtende Erklärung zu geben. Dieser Gesichtspunkt scheint anzuklingen in: Vergeltungsstrafe, Rechtsstrafe, Schutzstrafe, bei BIRKMEYER S. 4; bei LIPPS S. 49 oben, S. 64.

Dahin gehört auch die Erscheinung des Duells; daß gerade Kreise, deren ethisches und rechtliches Unterscheidungsvermögen jedenfalls nicht ein geringer entwickeltes ist als das anderer Bevölkerungsklassen, in gewissen Fällen auf die persönliche Reaktion gegen die Verletzung nicht verzichten wollen; weil die vom Staat gegen den Verletzer verhängte Geldstrafe oder kleine Gefängnisstrafe nach dem Empfinden des Verletzten keine ausreichende Unterlage zu einem componere bildet. Und die richtige Proportionalität wird für gewisse Arten von Verletzungen auch niemals zu erreichen sein, weil dieselbe äußere Handlung an der verschieden gearteten Psyche des Verletzten, also in einer objektiver Feststellung sich entziehenden Wirkung, erst ihren Charakter und ihren Umfang als Verletzung erhält. Die Reaktion etwa auf einen Einbruch in die Familie wird in den Augen desjenigen, der dadurch sein Leben vernichtet fühlt, notwendig gänzlich anders ausfallen müssen als etwa bei dem, der auf dem Standpunkt gegenseitiger völliger Bewegungsfreiheit der Ehegatten steht. Und dieser Verschiedenheit der Menschen kann das Gesetz weder jemals genügende Rechnung tragen noch sie aus der Welt schaffen.

letzte die Macht hat, das wirklich durchzusetzen, von sich aus, durch Unterstützung seiner Sippe, oder der organisierten Gesamtheit, ist nicht wesentlich. Es kann also nach dieser Auffassung auch zwischen souveränen Staaten Rechtspflichten geben, Völkerrecht; nämlich Pflichten, deren Nichterfüllung eine Verletzung anderer bedeutet, auf welche diese ihrerseits mit Zwangsmaßregeln zu erwidern befugt sind. Nur wird naturgemäß da, wo nicht eine unbeteiligte und übergeordnete Stelle maßgeblich ausspricht, ob Verletzung vorliegt oder nicht, die Grenze sehr viel schwankender sein, und der Interessent, ebenso wie beim subjektiven rechtlichen Urteil der einzelne Beteiligte in Privatkonflikt, leicht geneigt sein, jede seinen Interessen nicht entsprechende Handlung oder Unterlassung des Gegenübers oder selbst eine reine äußere Tatsache, die nicht Handlung ist, als eine Verletzung seitens des Gegenübers anzusehen und damit als einen Umstand, der ihn zu Zwangsmaßregeln gegenüber dem andern berechtigt; d. h. in Privatrechtsverhältnissen, der ihn veranlaßt, die Behörde zu solchen Zwangsmaßregeln anzurufen, welche dann eben vielfach zu einem anderen rechtlichen Urteil als die vielleicht subjektiv völlig und ehrlich überzeugte Partei kommt.

Der Umstand, daß diese Unterlage des Rechtsempfindens und damit die Richtung des darauf gegründeten rechtlichen Urteils allerdings in hohem Maß von subjektiven Momenten bewegt wird, bildet jedenfalls an sich keinen Einwand gegen die Richtigkeit jener Aufstellung; denn daß Urteile darüber, was in concreto Rechtens ist, inhaltlich sehr verschieden ausfallen, auch innerhalb der ethisch, historisch und sozial gleichartigsten Rechtsgemeinschaft, und nicht nur seitens der Beteiligten, sondern auch seitens unbeteiligter Dritter — während doch ein rein logisches Vorgehen zu objektiv feststellbarem Ergebnis führen müßte[1] — ist eben eine ganz unbezweifelbare Tatsache des Rechtlebens, welche Bestimmtheit eine Aufstellung über dieses grade wiedergeben muß. Umgekehrt muß es uns vielmehr auffallen und Zweifel wecken, wenn eine Aufstellung über die Grundlagen des rechtlichen Urteilens dieses als ein solches erscheinen läßt, welches alle Subjekte aller Kulturstufen zu den gleichen objektiven Ergebnissen kommen ließe. Daß die Formel: Reaktion auf empfundene Verletzungen den Spielraum läßt für diese subjektiven Abweichungen, die bei allen rechtlichen Urteilen zu be-

[1] Zitelmann, Lücken im Recht S. 34, geht so weit, zu sagen, die Tätigkeit des Juristen sei niemals eine rein logische, die als richtig oder falsch beweisbar wäre; was mir übrigens schon sehr radikal und revolutionär gegenüber unserer bisherigen Jurisprudenz zu sein scheint; „die Gedankenoperationen, durch die er zu seinen Ergebnissen kommt, beruhen vielmehr zum größten Teil auf Wertungen und Abschätzungen, auf Eindrücken und Auffassungen subjektiver Färbung.“

achten sind, scheint mir also gerade ein Vorzug zu sein gegenüber anderen Aufstellungen.

Schon darum kann die absolute Gleichsetzung aller Individuen in der Rousseauschen Formulierung beziehentlich die darauf gebaute Begründung der „Gültigkeit des Rechts" — das muß man Stammler (Liepmann, Haymann) jetzt zugeben, daß jene Lehre vom contrat social, wenn auch wohl nur halbbewußterweise, nicht lediglich als eine historische Fragebeantwortung gemeint war — nicht die richtige sein. Der Grad der Wertung des Individuums gehört zum materiellen Inhalt der Rechtsordnung, nicht zu deren Voraussetzungen und ist durchaus historisch. Was ein Germane mit seinen hochgespannten Ansprüchen an individuelle Bewegungsfreiheit der Machtausstattung der Zentrale niemals zugestehen würde, d. h. was er als Verletzung empfinden und sich daher auf die Dauer eben nicht gefallen lassen würde, das war vielleicht die durchaus „richtige" Verfassungsform für das eben ganz anders geartete Menschenmaterial der Inkastaaten, in deren theokratisch-absolutistischem Zwangsstaat, in dem alles dem herrschenden Inka gehörte, der Sache nach die sozialistische Staatsidee so ziemlich verwirklicht war, mit der gänzlichen Aufsaugung des Individuums und seiner persönlichen Freiheit, mit seinem durch die Ausschaltung des individuellen Tätigkeitstriebes notwendig werdenden unglaublichen Heer von Aufsehern usw., vgl. Helmolt, Weltgeschichte 1. Bd. S. 338. Wenn in dem früheren Jesuitenstaat Paraguay der Staat alleiniger Eigentümer fast aller Güter und aller Produktionsmittel war, die Behörde die Arbeitsleistung den Einzelnen genau vorschrieb und ihnen ihren Anteil am gemeinsamen Arbeitsprodukt zuwies, so empfanden das die indianischen Ureinwohner nicht als Verletzung — Reisende berichten erstaunt, mit welcher blinden Unterwürfigkeit sich die Eingeborenen von ihren auf keine militärische Macht sich stützenden Pfarrern züchtigen ließen; Ibagnez, Jesuitisches Reich in Paraguay, Cöln 1774, S. 184 — und es entsprach vielleicht auch durchaus dem „richtigen Recht", — soweit man über ein solches außerhalb des eigenen Volkes und der eigenen Zeit überhaupt etwas Begründetes sagen kann — daß diese es nicht als Verletzung empfanden, weil eben jene Patres immerhin als Europäer eine solche rassehafte und kulturelle Überlegenheit gegenüber diesen armen Indianern hatten, daß diese jene extreme Unterordnung nur als angemessen und ihnen wohltätig empfanden; während die germanische Bevölkerung eines früher von anderen Rassen besiedelten Landstrichs ein dort bestehendes und unbestritten für die Gesamtheit vorteilhaftes Berieselungssystem aufgab, weil sie die dabei notwendige genaue obrigkeitliche Regelung bezüglich Zeit und Art der Bearbeitung dieser Felder nicht ertragen konnte.

Was in dem Maß und von einem so wesentlichen Bevölkerungsteil als Verletzung empfunden wird, daß der Rechtsfrieden nicht dabei auf die Dauer bestehen kann, daß die Gemeinschaft auseinandergeht, von dem kann man sagen, es war nicht die richtige Rechtsform; denn Herstellung eines Zusammenlebens ist schließlich deren primärster Zweck. Und jene Gleichsetzung der Individuen, die den absolut gemeinten Sätzen immer mehr oder minder wesentlich ist, kann gerade selber die Verletzung bedeuten, wenn eben sehr große Verschiedenheiten, rassemäßige, soziale, damit gleichgesetzt werden; selbst Rousseau hielt eine gewisse Gleichheit an Rang und Glücksgütern für Voraussetzung der demokratischen Verfassung eines Gemeinwesens (Vom gesellschaftlichen Vertrag, Übersetzung von F. W. Jung, Frankfurt 1800, S. 138).

Jedenfalls kann eine jene Gleichsetzung beobachtende Rechtsform, etwa eine auf das allgemeine Stimmrecht aufgebaute, an sich ebensogut eine Verletzung und Ungerechtigkeit bedeuten, wie eine auf die Herrschaft einer Minderheit aufgebaute Verfassung, die dem Grundsatz des Teilnehmens an sich weniger entspricht; jene kann gerade durch die Gleichsetzung Verletzungen bewirken und damit das Gemeinwohl gefährden, indem sie den Einfluß der minderkultivierten Massen unverhältnismäßig vermehrt zu ungunsten derjenigen Bevölkerungsschichten, die die wesentliche Kulturarbeit leisten, die an sich schon in ihrer Existenz als soziale Schicht dadurch gefährdet sind, daß sie, infolge der ungesünderen Art der Arbeit, nämlich der vorwiegenden Kopfarbeit, spät zur Selbständigkeit kommend und vielfach unter ihren Produktionskosten bezahlt, sich wenig vermehren; durch welche Unterdrückung und Dezimierung der oberen Schichten, welche eine anthropologische Auslese darstellen (Ammon, Röse), jene „Ausrottung der Besten" (Seeck) oder rassehafte Verschlechterung der Nation bewirkt wird, die man als die eigentliche Ursache des Sturzes der antiken Kultur angesehen hat. Das aber, ob eine rechtliche Organisation bestimmter Form bestehen kann, sich auf die Dauer verwirklicht, ist schließlich in dem uferlos scheinenden Meere subjektiver Urteile über das richtige Recht dasjenige, was wir wirklich als einen darüberstehenden Maßstab und als ein objektives ansehen dürfen. Und das ist schließlich, wie ich glaube, der Kern der historischen Erkenntnis im ursprünglichen Sinn der Abkehr von rationalistischer Überhebung des Individuums und der Achtung vor dem Entstandenen und Bestehenden.

Die Verschiedenheit rechtlicher und moralischer Gebote wird besonders anschaulich, wenn noch vor unseren Augen Verschiebungen der Grenzen beider Gebiete stattfinden. Geschäftspraktiken, wie sie das Gesetz vom 27. Mai 1896 zur Bekämpfung des unlauteren Wettbewerbs zu treffen sucht, galten ohne Zweifel auch schon vor Erlaß dieses Gesetzes als unmoralisch oder unanständig. Damit, daß der Gesetzgeber nun Zwangsmittel, als Straf-, Ersatz- und Erfüllungszwang, — letzterer hier auf künftige Unterlassung gerichtet — in Aussicht stellt, kraft dessen sich Gegeninteressenten jene Geschäftspraktiken nicht mehr gefallen zu lassen brauchen, wird die Anstandspflicht zur Rechtspflicht. Ein Verhalten, das bisher der Konkurrent sich gefallen lassen mußte, wenn er es auch als unanständig und kränkend empfand, erscheint nun, bei heutigen Verkehrsverhältnissen, dem realen Wert des Renommees bei freier Kundschaft usw. als eine Verletzung, deren ruhige Hinnahme jenem nicht mehr zugemutet werden soll. In Frankreich hat sich das Recht der concurrence déloyale ohne einen solchen gesetzgeberischen Eingriff unter sehr vager Anknüpfung an die Artikel 1382, 1383 Code Civil in der Rechtsprechung entwickelt; aus der an dem einzelnen Befehl, den er zu erlassen hat, dem Richter erwachsenden Erkenntnis, daß hier das ethische Minimum erweitert werden muß; daß das Versagen seines Befehls die Zulassung einer konkreten Verletzung bedeuten würde.

Imperativisch ist meines Erachtens nur der Tenor des einzelnen Urteils und das auch wohl nur (?) bei Leistungsklagen, nicht bei Feststellungs- und Rechtsgestaltungsklagen. Auch wenn man es dahingestellt sein läßt, ob wirklich der Imperativ „ein individuelles und unübertragbares Moment enthält", scheint mir unzweifelhaft, daß der Rechtssatz nur ein Aussagesatz ist; und auch der einzelne Imperativ wird erlassen auf Grund eines logischen Urteils über das, was in concreto Rechtens ist (vgl. oben), nur daß die bestimmenden Gründe für diesen Schluß nicht, wie die Lehre von der Quellenmäßigkeit aller Urteile will, ausschließlich in einer logischen Deduktion aus dem überlieferten Rechtssatz als Obersatz bestehen, sondern in anderwärtsher und vielfach schließlich aus dem Gefühl über das Vorliegen oder Nichtvorliegen einer konkreten Verletzung entsprungenen Überzeugungen, nicht Willensakten. Ich glaube deshalb nicht, daß der Widerspruch THONS, in „Der Normenadressat", in IHERINGS Jahrbüchern 50. Bd. 2. Folge 14. Bd. S. 4, gegen ZITELMANN bezüglich der Aussagenatur der Rechtssätze begründet ist.

Ist nicht der Imperativ, der hinter dem Strafgesetz stehen soll, überhaupt rein sittlicher Natur; das Charakteristische der Rechtspflicht ist eben doch, daß ein anderer ihre Befolgung verlangt und zu diesem Zweck äußere Zwangsmaßregeln anwenden darf; fällt nicht das „du sollst" aus dem Zwangsmechanismus gänzlich heraus, indem es einen ganz anderen Hebel ansetzt. Was uns wohl durch die freilich unzweifelhafte Tatsache verschleiert wird, daß ohne jene anderen Hebel, d. h. wenn wirklich in jedem Fall die Reaktion seitens des Berechtigten eintreten müßte, und wenn nicht, wie es tatsächlich glücklicherweise der Fall ist, die Regel des Rechts vor allem „in gewohnheitsmäßiger Unterwerfung" die Beziehungen der Menschen regeln würde, jedes menschliche Gemeinschaftsleben unmöglich wäre; weil „der Inhalt unserer Rechtsnorm in tausend und abertausend Fällen sich mit dem deckt, was auch andere ethische Mächte bestimmen", THON a. a. O. S. 14.

In Beantwortung der Frage „an wen wenden sich die Strafgesetze", (BINDING, Die Normen und ihre Übertretung § 2), wofür drei Subjekte namhaft gemacht worden sind, das Volk, der Richterstand, der Staat, entscheidet sich BINDING im letztgenannten Sinne; von dem hier eingenommenen Standpunkt aus würde zu formulieren sein: die Strafgesetze sind Aussagesätze darüber, unter welchen Voraussetzungen und Schranken die Befugnis der Öffentlichkeit entsteht, in sonst geschützte Rechtsgüter, der Freiheit, der Ehre, des Lebens strafweise einzugreifen. Mit diesen Rechten und Pflichten, die das Strafgesetz zwischen dem Täter gewisser Handlungen und dem Staat entstehen läßt, hängen mittelbar andere Pflichten zusammen. Einmal die Pflicht des Staats — entgegen dem, was sonst für die Ausübung der Rechte gilt, nemo invitus etc. — die aus jenen Gesetzen sich ergebenden einzelnen Ansprüche gegen die Täter auch auszuüben; welche Pflicht durch die im § 170 St.P.O. dem Verletzten verliehenen Befugnisse zu einer Rechtspflicht gegenüber diesem wird; allerdings nur als die generelle Pflicht „gegen alle gerichtlich strafbaren und verfolgbaren Handlungen einzuschreiten, sofern genügende tatsächliche Anhaltspunkte vorliegen". Der Richter aber „wird als solcher nicht durch das geltende Strafgesetz gebunden, sondern durch ein anderes Gesetz wird er in seiner Rechtsprechung an dieses Gesetz gebunden" (BINDING a. a. O.); was allein auch der Sinn von Verfassungsbestimmungen sei, daß „die richterliche Gewalt durch unabhängige nur dem Gesetz unterworfene Gerichte ausgeübt wird". Diese Pflicht des Richters ist zwar noch eine Rechtspflicht zu nennen, weil der § 839 Abs. 2 B.G.B. und der § 336 St.G.B. den Versuch machen, auf die Vernachlässigung dieser Pflicht eine Reaktion durch Ersatz- und Strafzwang eintreten zu lassen. Aber das Recht der Partei und des Staates ist wegen der intern-psychologischen Natur der Pflichtvernachlässigung sehr schwer zu fixieren und jedenfalls praktisch ist jene Pflicht vorwiegend nur moralisch sanktioniert. Der „gute Richter von Château Thierry", von dem vor ein paar Jahren die Zeitungen erzählten, daß er bewußterweise aus dem bonum und aequum seines individuellen Rechtsempfindens und frei von positivem Recht entschied — welcher Standpunkt allerdings jede Rechtskultur verneint und atavistisch auf primitive Entwicklungsstufen des Rechtslebens zurückgeht — ist, soweit man erfahren hat, rechtlich unangefochten geblieben und konnte auch wohl nicht gefaßt werden, da seine subjektive Überzeugtheit nicht angezweifelt worden ist; also die Partei mußte sich den unglaublichen Unfug gefallen lassen und die Folgen, im besten Fall die Kosten der weiteren Instanz, tragen. Überall da, wo wir nur von der Pflicht reden und das Korrelat, das sie zur Rechtspflicht macht, das, was das Gegenüber verlangen kann, zu formulieren vermeiden, hat man Grund, mindestens sich die Frage vorzulegen, ob es sich auch wirklich um eine Rechtspflicht handelt. Die richterlichen Verletzungen des objektiven Rechts, die tagtäglich in der Revisionsinstanz festgestellt werden, lassen jedenfalls eine rechtliche Reaktion gegen den Richter nicht entstehen; freilich — um Gottes willen.

Mit der Feststellung der vielfachen inhaltlichen Übereinstimmung ethischer und rechtlicher Pflichten ist an sich noch nichts über ihr sonstiges Verhältnis gesagt und im besondern noch nicht etwa positiv die einheitliche Grundlage aller ethischen Normen behauptet; wie überhaupt, um das nochmals zu betonen, bei diesen ganzen Ausführungen natürlich nicht verkannt wird, daß — zwar die Heranziehung und Verwertung des Begriffs der Verletzung allerdings ein synthetisches Moment zur näheren Bestimmung des Wesens der juristischen Zweckmäßigkeitserwägungen und damit des Unrechtsbegriffs überhaupt bildet, während ein solches synthetisches Moment beispielsweise den Aufstellungen Bierlings, bezüglich des „Unrechts im allgemeinen", über das „als Rechtsübertretung, als Rechtsverletzung, als Rechtsstörung dreifach zu charakterisierende rechtswidrige Verhalten", Juristische Prinzipienlehre Bd. 3 § 30 § 37, meines Erachtens fehlt — das aber dieser Erklärungsversuch das Letzte und Wesentlichste garnicht hereinbezieht, indem er die Bewußtseinstatsache, daß wir ethische Unterscheidungen machen, einfach voraussetzt. Übrigens scheint mir richtig, was Staffel a. a. O. sagt, daß „das oberste Prinzip des Rechts nicht, wie es bei Stammler geschieht, getrennt von der Moral festgestellt werden darf". Staffels Ausführungen erinnern stark an Schopenhauers „ethisches Minimum"; ich für meine Person bekenne, daß mir Schopenhauers Herleitung aller Ethik aus dem Mitleid, als das Durchbrechen des Gemeinsamkeitsgefühls durch die Schranken der Individuation, immer wunderbar einfach und einleuchtend erschienen ist; an welche freilich sich selbst als metaphysisch bezeichnende Aufstellung übrigens auch Sturm a. a. O. S. 9, der in früheren Schriften scharf gegen Schopenhauer polemisiert, stark anklingt: „eine in uns liegende ursprüngliche Rücksichtnahme auf andere ... es ist damit etwas Neues in weiterer Tiefe psychologisch jetzt nicht weiter Erklärliches im Menschen entdeckt."

Daß dieses oberste Prinzip: Reaktion gegen Verletzung jedenfalls dem begrifflichen Erfordernis für ein solches entspricht, daß es nicht materielles Recht bestimmten Inhalts, also Naturrecht im unrektifizierten Sinn, enthält,[1] scheint mir sicher. Was als Verletzung empfunden wird, ist historisch und darum inhaltlich verschieden. Carlyle erzählt eine Geschichte von dem Weib eines schottischen Leibeigenen, das ihrem Gatten, der vom Herrn wegen einer Klei-

[1] Sondern nur formal ist, was Landsberg mit Recht als den grundlegenden systematischen Fortschritt des Kantischen allgemeinen Rechtsprinzips gegenüber der naturrechtlichen Lehre hervorhebt; Landsberg, Geschichte der deutschen Rechtswissenschaft 3. Abt. S. 509.

nigkeit zum Tode verurteilt ist und der sich sträubt, auf die Leiter zu steigen, weinend zuredet: Geh hinauf, der Herr will es haben. Sie hatte, fügt CARLYLE in seiner trockenen Weise hinzu, eben einen großen Begriff von dem Recht des Herrn gegenüber seinen Clansleuten; sie empfindet es darum als unrecht seitens ihres Mannes, daß er sich gegen den Befehl wehrt.

Der bei dem konkreten Fall als der tatsächlichen sozialen Erscheinung der Rechtsnorm stets erfolgende Rückgriff auf die oberste psychologische Unterlage rechtlicher Aussagen ist das, was sich Zweckmäßigkeitserwägung, Folgerung aus der Natur der Sache, aus dem Bedürfnis usw. nennt; was sich früher Billigkeit, natürliches Recht nannte, um auch die heute mehr zurückgetretenen Synonyme zu erwähnen.[1] Diese Befugnis zum richtigen Recht ist aber dem Richter gegeben; oder vielmehr sie ist gerade der Kern der Aufgabe des Rechtsprechenden.

Wenn man einen Rechtssatz oder eine Einzelfolge speziell als dem „richtigen Recht“ entsprechend, als zweckmäßig, angemessen usw. bezeichnet, so schwebt dabei offenbar als Gegensatz ein Recht vor, das man anwendet nicht so sehr weil man es inhaltlich, d. h. in seinen einzelnen Ergebnissen als richtig usw. empfindet, sondern weil man sich aus irgend welchen anderen Gründen daran gebunden fühlt; als an Recht daran gebunden fühlt. Das letztere aber ist diesem begrifflichen Gegenstück des richtigen Rechts wesentlich; man würde diese Bezeichnung nicht im Gegensatz zu reiner Willkür oder Gewalt gebrauchen. Insofern läßt sich gegen den Gebrauch jener Bezeichnung in diesem Zusammenhaug logisch nichts einwenden; aber an sich genommen, ist die Bezeichnung richtiges Recht dem Worte und dem Begriffe nach ein Pleonasmus, weil das in dem Eigenschaftswort Hervorgehobene schon in dem Hauptwort steckt, ja dessen Wesen ausmacht.[2] Darum kann mit jener Bezeichnung das Wesen des bei jener Gegenüberstellung gesuchten Begriffes nicht gegeben sein. Und genau denselben logischen Mangel zeigt — und

[1] EUGEN DÜHRING, Kritische Grundlegung der Volkswirtschaftslehre, Berlin 1866, S. 308 „Wir fragen nach dem Grunde alles Rechts und finden ihn in der Reaktion gegen Verletzungen. Unter welchen Bedingungen aber wirklich Verletzungen vorhanden seien, das entscheiden wir nach dem besonderen Fall . . . allerdings lassen sich auch in dieser Beziehung Schemata aufstellen und die Gesetze sind derartige Schemata. Aber dieser Schematismus steht nicht über der Natur und Geschichte. . . wir können also getrost an die subjektive Empfindung und das subjektive Urteil appellieren. Recht und Unrecht gibt es eben nur in dieser subjektiven Sphäre . . . Das Erkenntnisprinzip desselben ist die reaktive Empfindung oder das Ressentiment.“ Vgl. auch DÜHRING, Kritische Geschichte der Philosophie, 3. Aufl. S. 490.

[2] So übrigens auch STAMMLER selbst, Lehre vom richtigen Recht S. 29: „Daß jede Rechtsnorm ihrem eigenen Sinn und Wesen nach ein Zwangsversuch zum Richtigen ist.“

das scheint mir sehr bedeutsam — die Aufstellung, die man als den begrifflichen Gegensatz zu jener zu gebrauchen pflegt, der Begriff des positiven Rechts. Auch hier wird in dem Eigenschaftswort dem Hauptwort nicht das geringste synthetische Moment hinzugefügt; denn gerade auf jener Seite hält man ja die Positivität für ein notwendiges Begriffsmerkmal des Rechts und kennt nur positives Recht; so daß die Zusammenstellung wiederum rein pleonastisch ist.

Daß wir aber einen wirklich vorhandenen Gegensatz im Gefühl haben, wenn wir von positivem Recht im betonten Sinne sprechen, ist sicher; schon allein wegen des sich immerhin über einige Jahrtausende erstreckenden Lebens dieser, beziehentlich entsprechender Gegenüberstellungen. Es fragt sich nur, was eigentlich ihr Wesentliches ausmacht.

Man bezeichnet im einzelnen wohl Bestimmungen, wie die über die Verjährungsfristen, als in besonderm Maß positiv; und gegen diese Verwendung des Ausdrucks wird man von keiner Seite etwas einwenden. Man will damit etwa sagen: daß diese Forderung gerade mit 3 oder 5 oder 10 Jahren als verjährt angesehen wird, das hat seinen Grund lediglich darin, daß der Gesetzgeber es so bestimmt hat; er hätte auch anders, οὕτως ἢ ἄλλως, bestimmen können. Und umgekehrt werden wir — auch da kann man von einem ziemlich feststehenden Gebrauch des Begriffs ausgehen — eine rechtliche Erscheinung in dem Fall nicht als positiv bezeichnen, wenn wir glauben, sie hätte so oder ähnlich in jeder Rechtsgemeinschaft und auch ohne eine besondere Äußerung des Gesetzgebers ausfallen müssen; mit andern Worten, wenn die Erwägung der Zweckmäßigkeit, der Natur der Sache, aus Vernunftrecht, Naturrecht, richtigem Recht usw. usw. zu demselben Ergebnis geführt hätte.

Das dürfen wir nun in Anlehnung an bisherige Ausführungen etwas weiter auflösen. Man kann es wohl als eine Verletzung des Gegners empfinden, daß einer erst lange Zeit hindurch sein Recht geltend zu machen unterläßt, und dann, nachdem vielleicht noch mehrmalige Erbfolge eingetreten ist, zu schwierigen Beweisen über weit zurückliegende Dinge, die man ebensogut früher hätte zur Sprache bringen können, zwingen will; d. h. das Institut der Verjährung ist nicht rein positiv; aber, mit welchem Zeitpunkt die Saumseligkeit des Berechtigten beginnt, ein Verhalten darzustellen, das sich der Verpflichtete nicht gefallen zu lassen braucht, d. h. mit welchem Zeitpunkt die Verjährungswirkung eintreten soll, darüber gibt jene Empfindung keinen Ausschlag.

In dem Zwiespalt zwischen dem Eigentümer, der die Sache aus der Hand gegeben hat, und dem, der sie gutgläubig vom vermeintlichen Eigentümer erwarb, kommen bekanntlich unsere und die römische Rechtsordnung zu entgegengesetzten Beantwortungen der Frage, in welcher Richtung die Reaktion zur Vermeidung der Verletzung einzutreten hat.

Man wird die Rechtssätze über eine verwickelte Verkehrserscheinung wie den Wechsel immer in besonderem Maß als positiv bezeichnen, und auch hier trifft das gewiß zu, daß hier die versuchte Ermittelung der Entscheidungsrichtung aus jener fundamentalsten psychologischen Grundlage aller rechtlichen Reaktion ohne den Anhaltspunkt einer Regel in sehr vielen Fällen zu einem bestimmten Ergebnis nicht führen würde. Jene Ermittelung muß zwar theoretisch möglich bleiben in allen Fällen; sie verlangt nur in den entfernteren Verästelungen einen Überblick über das Ganze, den der Richter in vielen Fällen nicht haben kann; der übrigens schon in höherem Maß erreichbar wäre bei ausgebildeterer Arbeitsteilung in der Rechtsprechung, wie eine solche schon angeregt worden ist. Der Geschäftsmann, der mit einem bestimmten einzelnen Rechtsinstitut sein Lebtag täglich im Verkehr zu tun hat, wird, z. B. in einem verwickelteren Konflikt der Wechsel-Interessenten, aus seiner genauen Kenntnis der Verwendung des Wechsels im Verkehr, über die dabei gegebene Möglichkeit der Prüfung seiner Einzelheiten usw. zu einem bestimmten Urteil lediglich aus der Zweckmäßigkeit, aus der gefühlten Verletzung heraus, auch in Fällen kommen, wo der Berufsjurist, der die Gesamtheit der Verkehrserscheinungen rechtlich zu qualifizieren in der Lage sein soll und der aus dem Leben heraus und am eigenen Leib die wenigsten Institute kennen gelernt hat, freudig auch nach einem Strohhalm logischer Anknüpfungsmöglichkeit an das Bekannte und Überlieferte greifen wird. Damit hängt die wohl auch noch nach Abzug der Fälle des „bloß subjektiven“ Rechtsempfindens des Interessierten noch einigermaßen zutreffende, häufig gemachte Beobachtung zusammen, daß das Rechtsgefühl der Laien vielfach lebendiger ist als das der geschulten Juristen; weil die Laien eben meistens in dem ganz begrenzten Gebiet von Verkehrserscheinungen, das sie berührt, besser Bescheid wissen.

Selbst für das Allerpositivste, um als Beispiel wieder die Dauer der Verjährungsfristen zu nehmen, ist eine Urteilsfindung aus der konkreten Verletzung an sich möglich und muß es nach unseren Aufstellungen sein; nach der Art der Beweismittel im einzelnen Fall und ihrer Beeinflussung durch Zeitablauf, also verschieden bei Notwendigkeit des Beweises durch Zeugen als beim Vorhandensein von Schriftbeweisen; nach den Gründen des Nichtgeltendmachens, nach dem dafür zu verlangenden Grade der Sorgfalt; wie man denn die Abweichung gewisser handelsrechtlicher von den allgemeinen bürgerlichen Fristen nicht gerade als rein positiv in betontem Sinne bezeichnen wird.

Man drückt das Wesen der Positivität wohl manchmal auch so aus; es kommt in vielen Fällen weniger darauf an, ob so oder so entschieden wird, als daß in einem bestimmten Sinn entschieden wird. Und das, der Drang nach Kontinuität, ist der besondere Geltungsgrund alles positiven Rechts. Auch die in besonderem Sinn als positiv bezeichnete rechtliche Erscheinung fügt sich dem obersten Prinzip alles Rechtes ein und unter; auch sie will in dem Sinn zweckmäßig natürlich, richtig usw. sein, daß sie Reaktion auf Verletzung ist; nur daß als Maßstab dafür, was als Verletzung anzusehen ist, ein bisher beobachtetes Verhalten genommen wird. Das ist, wie mir scheint, der Ursprung alles positiven Rechts und der Grund seiner Bindendheit. So ist allerdings die Autorität des positiven Rechts eine sekundäre gegenüber seinem Gegenpol; rechtliche Ordnung heißt nicht so viel wie Befolgung bestimmter formaler Regeln, deren Inhalt gleichgültig wäre; sondern dem Begriff des Rechts ist an sich das inhaltlich Richtige begriffswesentlich, und die positiven Regeln sind nur Mittel zu diesem Zweck.

Aber diese theoretisch sekundäre Autorität hat genügt um die positive Regel zu allen Zeiten so durchzusetzen, daß eigentlich immer nicht ihr zu geringes, sondern ihr zu starkes Gewicht gegenüber jenem direkt ermittelten Recht beklagt wurde.

Denn es kommt sofort — theoretisch vom ersten Mal an, wo sich ein Rechtssatz, Gesetzes- oder Gewohnheitsrecht, in für die Rechtsgenossen erkennbarer Weise einmal durchgesetzt hat, und mit jedem neuen Anwendungsfall sich verstärkend, — ein Neues, eine inhaltliche Legitimation hinzu. Je positiver ein Rechtssatz ist, d. h. je schwieriger seine Herleitung aus dem obersten Prinzip, um so mehr wird er geeignet sein, mit seiner tatsächlichen Durchsetzung auch jene materielle Rechtfertigung aus der obersten psychologischen Unterlage alles Rechtsempfindens zu erlangen, in dem nun die Rechtsgenossen wie der Richter schon in dem Abweichen von dem einmal beobachteten Verhalten, welches immer ein Verhalten gegenüber einem anderen Interessenten ist, eine Verletzung dieses andern zu sehen geneigt werden; und das in steigendem Maß, je öfter jener Satz sich durchgesetzt hat, weil in demselben Maß die Erwartung jenes Verhaltens seitens des Gegenübers begründeter und um so eher die Enttäuschung jener Erwartung als Verletzung dieses Gegenübers erscheinen wird.

Ich erinnere an die oben erwähnte Aufstellung von Thöl, daß ein Rechtssatz, der auch nur ein einziges Mal in einem Urteil angewendet worden, damit geltendes Recht geworden sei; was wohl in dieser Form sicher nicht richtig ist, dessen Aufstellung aber offenbar symptomatische Bedeutung im Sinne unserer Ausführungen hat.

Besonders bei Gebilden des Verfassungsrechts, die man ja auch wohl in besonderem Maß als positiv bezeichnen wird, die jedenfalls bei verschiedenen Völkern inhaltlich mehr voneinander abzuweichen pflegen, als die privatrechtlichen Einrichtungen der betreffenden Völker, tritt diese rein historische Begründung der Verletzungsempfindung auschaulich auf; wo bei der größeren Seltenheit der Vergleichsfälle, bei der großen Wertverschiedenheit der auftretenden Interessen, bei der Langfristigkeit der Wirkungen auch der intellektuell höchststehende Einzelne und selbst ganze Geschlechterfolgen das Ganze der sozialen Zusammenhänge und der zeitlichen Wirkungen nicht so übersehen können, daß in einem Konflikt großer sozialer Gruppen oder Jahrhunderte alter Institutionen ein begründetes Urteil über die Verletzung möglich wäre; wo daher die Tatsache, wie es nun einmal geworden ist, wie die Macht nun einmal verteilt ist, wie es selbst nur in einem einzigen Fall früher gemacht wurde, oft den einzigen Anhaltspunkt zu einem rechtlichen Urteil bildet.[1]

---

[1] Carlyle hat uns, vorzüglich in Past and Present, erst die eigentliche historische Theorie der Entstehung öffentlich rechtlicher Gewalten gegeben; wo überindividuelle Zweke verfolgt werden, bildet sich durch diese soziale Tätigkeit das soziale Organ; die Übernahme öffentlich rechtlicher Pflichten läßt öffentliche Rechte entstehen; die soziale Gewalt der Kirche, der Feudalherren im Mittelalter ist die Folge ihrer sozialen Tätigkeit.

Die historische Schule hat sich hier im wesentlichen auf die Abwehrstellung gegenüber der Staatsvertragstheorie beschränkt und eine eigene positive Aufstellung nicht versucht. „So, durch die geschichtliche Begebenheit, entsteht der Staat tatsächlich, so bindet er auch rechtlich. Sein Ansehen beruht auf seiner bloßen Existenz als solcher." Stahl, Die Philosphie des Rechts 2. Bd. 2. Abteilung § 46. Diese Antwort „auf die Frage: auf welchem Rechtsgrunde beruht der Staat, welche im Grunde dieselbe Frage ist als: auf welchem Rechtsgrunde beruht das Recht" (Stahl, ebenda) muß freilich zur baren Skepsis führen; Stahl empfindet das auch und greift dann einfach zu einer übernatürlichen weiteren Begründung, indem er sich auf die göttliche Einsetzung des Staats beruft.

Jene Skepsis gegenüber der Unterscheidung von Recht und Unrecht überhaupt, zu welcher allerdings die eine Seite historischer Erkenntnis, nämlich die Erkenntnis von der steten inhaltlichen Veränderung der Rechtsbegriffe, leicht verführen kann, und deren Wirkungen man in der historischen Schule und ihrer Nachfolge beobachten zu können geglaubt hat, hat einen klassischen Ausdruck gefunden schon in einer italienischen Novelle des 16. Jahrhunderts; Altitalienische Novellen, ausgewählt und übersetzt von Paul Ernst, Leipzig 1902, S. 270; Ein verbrecherischer König von England sucht seine Tochter zur Liebe zu überreden und bekämpft deren moralische Bedenken: „Schönste Jungfrau, alle Gesetze und Sitten, unter denen in den verschiedensten Ländern die Menschen in verschiedener Weise leben, sind nichts anderes als ebensoviele Meinungen der Menschen; denn es geschieht, daß an dem einen Ort höchlichst gelobt und geschätzt wird, was am andern als verwerflich gilt . . . man kann . . . behaupten, daß keine Sitte, Einrichtung, Gesetz, ja keine Ueberzeugung so fest und unumstößlich ist, daß man sie nicht mit irgend welchen Gründen wider-

Ubi homines sunt, modi sunt;[1] Wiederholung und Nachahmung bindet den Einzelnen an die Genossen. Die Gewöhnung, die Übung tritt insbesondere auf primitiven Stufen — daß das sogenannte Gewohnheitsrecht die erste Form des positiven Rechts ist, bestreitet niemand — so stark hervor, daß man sie, wie in jener Benennung zum Ausdruck kommt, als das eigentlich Rechtschöpfende ansehen konnte; wobei freilich die eben doch nicht wegzuleugnende „plötzliche" Entstehung, durch ursprünglichen „Rechtsbruch", ja im Grunde überhaupt jede Bewegung und Veränderung des Rechts unerklärt bleiben mußte.

Aber wir gehen weiter — und da wird man sich auf energischeren Widerspruch gefaßt machen müssen, als insolange man auf dem an sich unsicheren Boden des Gewohnheitsrechts bleibt — das positive Recht überhaupt, also mit Einschluß des Gesetzesrechts, hat am letzten Ende keinen anderen Geltungsgrund, als daß es konkrete Verletzungen verhütet; genauer, daß das Gegenüber ein bestimmtes Verhalten verlangen kann, weil das widersprechende Verhalten eine Verletzung bedeuten würde; daß es „richtig", daß es Recht ist ohne jenen Zusatz; nur mit der freilich gewaltigen Bestärkung, daß die Abweichung von dem einmal historisch Verwirklichten nun inhaltlich als die Verletzung empfunden wird;[2] welche Bestärkung beim

legen und umstoßen kann. Alles also, was wir uns denken, ist nur Traum und Schatten, und ein Tor ist in Wahrheit derjenige, der auf diesem räumigen und weiten Felde der menschlichen Dinge sich durch die Meinungen anderer in einen so engen und beschränkten Kreis einschließen läßt, daß er außerhalb desselben nicht den Fuß zu rühren wagt."

[1] Wo stammt dieser Spruch der Wanderjahre her, der freilich ein Leitwort für jegliche Betrachtung menschlichen Gemeinschaftslebens bilden kann. JUNG, Goethes Wanderjahre und die wichtigsten Fragen des 19. Jahrhunderts, Mainz 1854, S. 221ff.

[2] ZITELMANN, Gewohnheitsrecht und Irrtum, im Archiv für die zivilistische Praxis Bd. 66 S. 459: „Neben dieser Gesetzesproduktion mit abgeleiteter Geltung gibt es immer noch primäre, sozusagen autochtone Rechtserzeugung. Eine stärkste Motivationsqnelle zu weiterer Übung des Satzes bildet nach durchgängiger psychologischer Erfahrung die Tatsache, daß bisher schon in gleichen Fällen ebenso gehandelt ist. Indem also ein Rechtssatz tatsächlich befolgt ist und die Wahrscheinlichkeit vorliegt, daß er auch weiterhin befolgt werden werde, eben weil man eine dauernde Motivationsquelle in Wirksamkeit sieht, verwandelt sich der Begriff des Tatsächlichen in den des Rechtlichen. Dies ist das sog. Gewohnheitsrecht — freilich ist der Name kein sehr glücklich gewählter, da das psychologische Gewichtsmoment der Gewohnheit ein anderes ist als das im „Gewohnheitsrecht" wirksame. Hier bei dieser Produktion des sog. Gewohnheitsrechts, die manchen zweifelhaft ist, liegt nichts anderes vor als bei der Produktion jenes allgemeinsten, das Gesetzesrecht erst ermöglichenden Rechtssatzes, die zweifellos in der von uns geschilderten Weise vor sich geht; beide unterscheiden sich nur in dem Einen, daß die Motivationsquelle für künftige weitere Anwendung desselben Satzes für beide eine verschiedene ist: hier

Gesetzesrecht um so viel, vielleicht nicht intensiver, aber augenfälliger ist, als der Gesetzessatz den Beteiligten regelmäßig in klarerer Form zu erkenntnismäßigem Bewußtsein kommt als der Gewohnheitsrechtssatz.

Es ist also die unterste Grundlage des positiven Urteils keine andere als die des als notwendig, natürlich, zweckmäßig usw. gefällten; nur daß bei Ermittelung der Verletzungsrichtung durch den Anschluß an ein früheres Handeln, an die Tradition, ein objektives Moment an die Stelle jener stets mehr oder minder subjektiven Neuermittelung der Verletzung im einzelnen Fall tritt; worauf die stets gerühmte größere Festigkeit und Berechenbarkeit des positiven Rechts und speziell des Gesetzesrechts beruht.

Wenn einer unserer Richter heute etwa von einer individualistischen Überspannung des Schuldbegriffs aus, auch der heiligsten Überzeugung wäre, daß das Mißlingen des Verbrechens dem Täter nicht zugute kommen dürfe und daß deshalb der Versuch wegen des gleichen Vorsatzes gerechterweise ebenso zu bestrafen sei wie das vollendete Verbrechen, so würde doch eine dementsprechend gefällte Verurteilung nicht ein Urteil sein, welches materiell — wir sehen hier ab von der öffentlich rechtlichen Bindung des Richters — dem richtigen Rechte entspräche, vorausgesetzt selbst, daß jene Überzeugung die allgemeine wäre. Und zwar aus dem einfachen Grund, weil die Abweichung von dem bisher Gehandhabten eine materielle Verletzung dem Täter gegenüber bedeuten würde, so daß auch für den Richter mit jener Überzeugung doch die Bestrafung mit der bloßen Versuchsstrafe die gerechte, die richtige usw. sein muß.

Als die Frage nach der Bestrafung des Elektrizitätsdiebstahls zuerst praktisch wurde, war wohl niemand im Zweifel, daß eine Bestrafung angemessen, gerecht, zweckmäßig, vernünftig usw. wäre; wenn nämlich nicht dem überlieferten Recht eine solche bisher fremd gewesen wäre und man deshalb die plötzliche Verhängung gegenüber dem Täter als eine Verletzung dieses und deshalb eben doch als nicht gerecht hätte ansehen müssen. Also auch, wenn das, was bei isolierter Betrachtung des Falls als das Richtige Angemessene usw. scheint, verschieden ist von dem, was der überlieferte Rechtssatz in diesem Falle verlangt, ist doch, weil jedes richterliche Urteil in einem bestimmten historischen Zusammenhang der Rechtspflege steht, das Befolgen des positiven Rechts die richtige, Verletzung verhütende Entscheidung; weil immer ein Gegenüber da ist, das an dem Beibehalten der bisherigen Übung interessiert ist und dem

die Autorität der gesetzgebenden Person mit ihren Machtmitteln, dort die Autorität des bisherigen Gebrauchs. Mit dieser Maßgabe ist es richtig, zu sagen, daß alles Recht lediglich Gewohnheitsrecht ist."

gegenüber die Abweichung von dieser eine schwerer wiegende Verletzung bedeuten würde.

Also die Grenze, deren Verwischung man der naturrechtlichen Schule vorwarf, bleibt bei dieser Auffassung scharf genug; bei dieser Auffassung, welche allerdings sagt, der Richter sucht immer das, was in concreto richtigen Rechtens ist; sie bleibt unverwischt genau in dem Sinne, wie STAMMLER für sein Naturrecht mit wechselndem Inhalte die Grenze gegenüber dem positiven Recht fixierte; weil nämlich das als richtiges, seinsollendes, zukünftiges Recht Erkannte um deswillen noch nicht der Maßstab der Verletzung in dieser Rechtsgemeinschaft ist.

Aber, — und damit kommen wir zu der hauptsächlichsten Behauptung dieses Versuchs über das Wesen der Positivität, — das Sichdurchsetzeu des positiven Rechts auch da, wo das Ergebnis von demjenigen abweicht, welches ohne das Vorhandensein jenes Satzes, als neu zu findendes, richtig und angemessen erscheinen würde, beruht nur darauf, daß dem Entscheidenden die in dem etwaigen Abweichen von dem positiven Satz liegende Verletzung derjenigen Seite, der das überlieferte Recht günstiger ist, als die schwerer wiegende Verletzung erscheint gegenüber dem, was dem andern durch das, isoliert betrachtet, nicht ganz gebilligte Ergebnis zugemutet wird. Von dem Augenblick ab, wo dieses Verhältnis sich umkehrt; wo gegenüber dem Gewicht der Verletzung, das die Befolgung der Tradition für den andern Teil bedeuten würde, die Abweichung von der bisherigen Übung als die erträglichere Verletzung erscheint — von diesem Augenblick ab wird das überlieferte Recht durch das neu aus der Empfindung der konkreten Verletzung ermittelte besiegt. Denn die Überzeugung, „daß über der Vorschrift, das positive Recht anzuwenden, doch die allgemeine Forderung steht, daß der Richter bei seiner Amtsverwaltung das Vernünftige und Zweckmäßige anzuordnen hat“ (G. RÜMELIN, das Gewohnheitsrecht a. a. O. S. 228) hat glücklicherweise keine Rechtsquellentheorie und kein Gesetzgeber dem Richter jemals ganz austreiben können.

Unser Strafrichter hat, allerdings nicht ohne Widerspruch (FRANK), wegen Sachbeschädigung die bestraft, die einen fremden gefangenen Vogel fliegen ließen, einen fremden silbernen Becher in den Fluß warfen. Es war dazu so ziemlich dieselbe gedankliche Operation vorzunehmen — nämlich vom Körperlichen der Sache zu abstrahieren und Sache etwa mit Wertträger gleichbedeutend zu nehmen, welche man sich beim Elektrizitätsdiebstahl wegen des Verbots der Analogie zu machen scheute; wobei es wohl mehr äußerliche Gründe, die Neuheit des tatsächlichen Vorgangs beim Elektrizitätsdiebstahl, waren, welche die Abweichung hier als stärker empfinden lassen. Dem Volksempfinden wird es jedenfalls viel näherliegend scheinen, den heimlichen Anschluß an die Elektrizitätsleitung demjenigen an die Gasleitung, welche als Diebstahl schon bestraft worden ist, gleichzusetzen, als das Fliegenlassen eines Vogels dem körperlichen Verletzen desselben.

Man hat öfter schon in diesem Zusammenhang auf die Art und Weise hingewiesen, wie die grausamen Strafdrohungen der Carolina in der Praxis der Aufklärungszeit gehandhabt wurden. Also in unserm Sinne gesprochen, als Anwendungsfälle dessen, daß die Verletzung durch Befolgung des überlieferten Rechtssatzes als schwerer empfunden wird, als die Verletzung, die in ihrer Nichtbefolgung liegt; wobei hier nur umgekehrt wie in den letztbetrachteten Beispielen der Gegeninteressent an der Befolgung der Tradition die Öffentlichkeit, beziehentlich indirekt der Verletzte ist. Aber bei dieser Erscheinung, wo es sich um so große Humanitätsinteressen und um so tiefgehende Differenzen verschiedener Zeitalter handelt, wird man vielleicht sagen können, es handle sich hier nicht mehr um einen Vorgang des normalen Rechtslebens; sondern man sei eben damals durch das Absterben der betreffenden formellen Rechtsquelle, der alten Reichsgewalt, in eine Zwangslage versetzt gewesen, und der Vorgang sei mit einem Staatsstreich oder einer revolutionären Rechtsänderung zu vergleichen, welche freilich nicht in eine Rechtsquellentheorie passen können.

Es scheint darum am vorteilhaftesten, die Beispiele aus Entwickelungen herzunehmen, die sich noch vor unseren Augen vollziehen; Beispiele, die zum größten Teil aus einem Rechtszustand hergenommen sind, dessen positives Recht ein paar Jahre alt ist und von dem man bei Gott nicht behaupten kann, die Gesetzgebungsmaschine sei nicht schnell genug zum Eingriff bereit (vgl. Thierhalter); Beispiele, bei denen auch keineswegs tiefergehende Wandlungen des ethischen Empfindens im Spiele sind; wie etwa bei der doch wohl sicher gesetzabändernden Interpretation der Zwölftafelstelle: si pater filium ter venum duvit bezüglich Freiwerden der filia (Gajus, Buch 1 § 132), oder bei der Behandlung des Verbots der recherche de la paternité in der linksrheinischen deutschen Rechtsprechung; und aus demselben Grund, weil es sich dabei um so große Abstände — zeitliche, volkliche, kulturelle — handelt, soll auch hier nicht die Zulassung der direkten Stellvertretung oder der Verträge zugunsten Dritter im gemeinen Rechte als Argument verwendet werden, obwohl dabei ja ganz ohne Zweifel Rechtsänderung durch die Praxis, „eine Weiterbildung des Rechts stattgefunden hat, zu welcher der Richter wenigstens nach der jetzigen Auffassung nicht legitimiert ist". (G. Rümelin, Das Gewohnheitsrecht, a. a. O. S. 228.)

Zitelmann weist (Lücken im Recht S. 40) auf die Bedeutsamkeit einer Äußerung von Brinz hin; wo eine Lücke im Recht empfunden werde, liege vielmehr „lediglich eine Lücke auf Seite des Rechtssuchenden vor; bei ihm fehlt es an dem Erfordernis, das vom Recht für den Fall der Actio oder der Exceptio positiv gesetzt ist."

Das scheint mir nun allerdings sehr richtig und für die Rechtsquellenfrage von großer Tragweite zu sein; viele von denen, die bei den etwas schärferen Formulierungen der Kritik an unserer Rechtsquellentheorie „Feurio" schreien, wie LANDSBERG gegenüber MÜLLER-ERZBACH in der Juristenzeitung, wollen doch eine Ergänzung von Lücken des positiven Rechts durch den Richter zulassen.[1] Damit haben sie aber dem Satan, von ihrem Standpunkt, den kleinen Finger gegeben, an dem er sie ganz nachziehen wird; denn das corrigere und supplere läßt sich für unser Recht gar nicht auseinanderhalten. Es ließ sich noch eher trennen für den Prätor, dessen jus civile nicht den Anspruch erhob, lückenlos zu sein. Für ein Recht, das für alle Konfliktsfälle die Regel zu enthalten behauptet, ist die Lückenergänzung im Grunde immer eine Abweichung vom überlieferten Recht, also mit STAMPE Rechtsänderung.

Wenn jener bayrische Richter in lebhafter Empfindung für jene Lücke im Schadensersatzrecht, welche das preußische Eisenbahngesetz und dann das Haftpflichtgesetz ausfüllten, für das, was wir heute Gefährdungshaftung nennen, die Ersatzpflicht der Eisenbahn bejahte,

---

[1] So u. a. OSKAR BÜLOW, Über das Verhältnis der Rechtsprechung zum Gesetzesrecht, in Das Recht X No. 13. So HECK, Deutsche Juristenzeitung Jahrg. 10 No. 24 gegen STAMPE, Juristenzeitung Jahrg. 10 No. 9, 15, 22. In dem „großen Kampf" in der deutschen Rechtswissenschaft, „dessen erste Schüsse" (?) „in OSKAR BÜLOWS Gesetz und Richteramt und in EUGEN EHRLICHS Broschüre Freie Rechtsfindung und freie Rechtswissenschaft aufblitzten", wie der Referent über die Literatur der Rechts- und Staatslehre im literarischen Ratgeber des Kunstwart 1905 sich ausdrückt, können gewisse Gegensätze nicht vermittelt werden. Die Aufstellungen des Vortrags, den HECK am 17. Februar 1906 in der juristischen Gesellschaft über „die Fortbildung des bürgerlichen Rechts im Wege der Rechtsverordnung" gehalten hat, dürften wohl in beiden Lagern nicht befriedigen; jedenfalls gingen sie der streng historischen Seite schon zu weit, wie sich aus dem Widerspruch der Herren Geheimrat GIERKE und Exzellenz KOCH ergab.

Die streng historische Seite; d. h. wir unsererseits geben ja freilich keineswegs zu, daß die Ansicht von der logischen Geschlossenheit des Rechtsystems oder auch von der Quellenmäßigkeit aller Urteile ein besonderes Anrecht auf jenen Ehrentitel hätte und als ob etwa unsere Auffassung eine unhistorische sei, was freilich vernichtend wäre. Im Gegenteil. In ihrem Verhältnis zum Recht der eigenen Zeit war ja bekanntlich keine Juristenschule so unhistorisch wie die speziell so genannte historische. SAVIGNY, sagt SALEILLES a. a. O. S. 11, prenait le contre-pied de la méthode historique, dans son application au développement du droit ... il trahissait la méthode historique. — Übrigens, nebenbei bemerkt, sehr nebenbei, genau so wie die Zeit des ausgebildetsten historischen Verständnisses vergangener Stile in der Baukunst zugleich die Periode des äußersten Unverständnisses gegenüber den Forderungen der eigenen Zeit und überhaupt des äußersten Tiefstandes der Baukunst war.

so folgte er eben nicht der lex Aquilia, nach der er zur Abweisung der Klage hätte kommen müssen, weil ein Verschulden der Eisenbahn nicht nachzuweisen war; daß er sich durch Hinzufingierung dieses fehlenden Tatbestandsmomentes formell salvierte, ändert daran nichts (vgl. oben).

Wenn das Reichsgericht[1] die Frage aufwirft, ob sich aus dem B.G.B. ein der sogen. exceptio doli generalis des gemeinen Rechts entsprechender Rechtsbehelf ableiten lasse, so soll hier nicht mit dem Willen des Gesetzgebers operiert werden; obwohl man in diesem Falle eigentlich auch von einem zur Aussprache im Gesetz gekommenen Willen reden könnte; denn eine solche Aussprache muß doch, insbesondere bei etwas Negativem auch durch konkludentes Schweigen möglich sein. Aber wir wollen uns darauf gewiß nicht steifen; denn die an sich wie, wie mir scheint, logisch anfechtbare Zurücksetzung des Gesetzgeberwillens zugunsten eines — anthropomorphistisch-personifizierenden[2] — Gesetzeswillens war die erste Bresche in die Mauer der alten Auslegungsdoktrin. Aber: es lag vor ein von dem Kompagnon mit der Firma unterzeichneter Bürgschaftsschein für ein von diesem Kompagnon für sich persönlich, wie dem Dritten bekannt war, aufgenommenes Darlehen; die Klage gegen den andern Gesellschafter wird abgewiesen; daß sich in den Bestimmungen über die Vertretungsmacht von gesetzlich festgelegtem Mindestumfang dafür keine Unterlage findet, sondern daß danach die Klage zuzusprechen wäre, ist anerkannt. Die Unterlage dafür, daß man im früheren Rechtszustand bei sogen. Kollusion abwies, bildete die exceptio doli des gemeinen Rechts. Wenn nun der Richter behauptet, der aus diesem Bürgschaftsschein gegen den andern Gesellschafter Rechte Herleitende füge damit diesem in einer gegen die guten Sitten verstoßenden Weise vorsätzlich Schaden zu — da jener doch nur das dem andern gegebene Darlehen wiederhaben, sich vor Schaden bewahren will — so füllt der Richter damit eine Lücke in den Rechtssätzen über die Vollmachten von gesetzlichem Umfang aus; er ergänzt einen Rechtssatz etwa des Inhalts, daß bei dem andern Teil bekannter Auftragswidrigkeit der Vertretungshandlung auch die Vollmacht nicht bestehe; indem er diesen ergänzt, ändert er das bestehende Recht, nach dem er die Klage zusprechen müßte. Daß das Reichsgericht in einem andern Fall (ebenda, Entscheidung No. 56, vom 1. Juli 1904, S. 219) die generelle Einrede der Arglist, obwohl es selbst in der erstangeführten Entscheidung, zugibt, daß „das B.G.B. keine allgemeine Bestimmungen über die Einrede der Arglist enthält, wodurch dieser eine Geltung in gleichem Umfang wie nach dem früheren

[1] Entscheidungen in Zivilsachen, Bd. 58 No. 90 v. 30. Juni 1904.

[2] Schlossmann, Der Irrtum über wesentliche Eigenschaften. S. 33.

gemeinen Recht ausdrücklich zugesichert würde", in einem Umfang zugelassen hat, der den ihr im gemeinen Recht zugebilligten erheblich überschreiten dürfte, soll hier nicht weiter als Argument verwendet werden; weil man vielleicht wird sagen können, diese Entscheidung sei eben nicht richtig. Aber ebenso sicher inhaltlich einwandsfrei, wie die oben erstgenannte ist, wenigstens meines Erachtens, die vom 1. Juni 1905 Bd. 61 S. 171, welche die Anfechtung wegen Irrtums über einen ädilizischen Fehler ausschließt. „Entscheidend dafür", daß nämlich Schwammbehaftetheit eines Hauses, an sich wohl sicher eine verkehrswesentliche Eigenschaft im Sinne des § 119 Abs. 2, nicht neben der Wandlungsklage auch noch einer Anfechtung wegen Irrtums begründen könne, sei, „daß sonst in das Gesetz ein unerklärlicher Zwiespalt hineingetragen würde". Daß es nicht im Gesetz gesagt ist, ist sicher; nun wird auf einmal einer ganz gelegentlichen Bemerkung der Motive, aus der nur sehr vermittelt ein Gedachthaben in bestimmter Richtung zu folgern ist, eine große Wichtigkeit beigelegt, während bei der exceptio doli dem klar ausgesprochenen Willen der Materialien (Protokolle der zweiten Lesung, Gutentagsche Ausgabe Bd. 1 S. 238) gar kein Wert beigelegt wird. Ob die eine Bestimmung wirklich lex specialis gegenüber der andern ist, ist recht fraglich; der erste Richter dachte nicht daran, und wenn die Anfechtung innerhalb der Verjährungsfrist der Mängelhaftung gekommen wäre, hätte niemand daran gedacht; „der von dem ersten Richter gewählte Ausweg, die Verjährungsfrist der Wandlungsklage auf die Klage auf Grund der Irrtumsanfechtung zu übertragen, „scheitert" auch nach der Ansicht des Reichsgerichts an dem Wortlaut des Gesetzes. Jedenfalls ist ein Rechtssatz des Inhalts, daß wegen eines ädilizischen Mangels niemals Irrtumsanfechtung möglich sein soll, bisher noch nicht formuliert gewesen; und es war ja auch gar nicht das Bestehen eines solchen Satzes, sondern die Erwägung, daß die Zulassung der Anfechtung eine Verletzung des Verkäufers bedeuten würde, was zur Abweisung der Klage geführt hat.[1]

In einer Entscheidung, die ich im Augenblick nicht mehr nachweisen kann, — sie muß im Winter 1906 auf 1907 durch die Zeitungen gegangen sein — war dem Käufer, obwohl ein Mangel im Sinne des § 459 als vorhanden angenommen wurde, das Recht auf die Wandlung abgesprochen und nur das auf die Minderung gelassen, weil bei dem Wertverhältnis des ganzen Kaufobjekts zu der Wertminderung durch den Mangel die Rückgängigmachung des ganzen Kaufs einen Verstoß gegen Treu und Glauben bedeuten würde; die Entscheidung

[1] Stampe a. a. O. Spalte 1020. — „Da eine das gegenseitige Verhältnis dieser Bestimmungen regelnde Norm im Gesetzbuch nicht enthalten ist, hat der Richter diese Lücke durch seine Willensentscheidung auszufüllen." Schlossmann.

war vermutlich materiell auch sehr angebracht; aber der § 462 macht eben eine solche Unterscheidung nicht, sondern stellt Wandelung und Minderung wahlweise zu Verfügung. Man wird vielleicht sagen, das ist keine Rechtsänderung, weil der Richter durch die zwingenden und daher der Bestimmung des § 462 vorgehenden Vorschriften über Treu und Glauben zur Vornahme dieser Modifikation befugt war; jedenfalls ist so ein neues im überlieferten Recht nicht vorgesehenes Einzelergebnis geschaffen und die Befugnis zur Neuermittelung des einzelnen Rechtsergebnisses, wie sie bei Zwingendheit jener Normen vorhanden wäre, wäre eben insoweit und für das Anwendungsgebiet der Bestimmungen über Treu und Glauben die offizielle Anerkennung dessen, was hier von dem tatsächlichen Verhalten des Richters behauptet wird.

Das Reichsgericht hat (Bd. 53 S. 161 f., Bd. 57 S. 106 f.) dem Verkäufer die Rechte aus § 326 bei bloßem Abnahmeverzug des Verkäufers versagt, weil dort unter „Verzug mit der ihm obliegenden Leistung“ Verzug mit der Hauptleistung zu verstehen sei; die Abnahmepflicht sei aber nicht Hauptleistung; dabei redet aber § 326 mit keinem Wort davon, daß mit der obliegenden Leistung nur die Hauptleistung gemeint sei und andererseits stellt der § 433 die Zahlungspflicht und die Abnahmepflicht durchaus gleichgeordnet nebeneinander.[1] Indem jene beiden an sich wohl sicher richtigen Entscheidungen zuungunsten des Verkäufers, dessen Ansprüche nach jenen Regeln begründet sind, die Verletzung des Käufers, welche die Befolgung jener Regeln ihrem Dafürhalten nach mit sich brächte, durch eine Umgestaltung der überlieferten Sätze (326, nur bei Hauptleistung; 433 Abs. 2, nicht gleichsetzend) vermeiden, füllen sie wohl die Lücke aus, das unser Gesetz jene Unterscheidungen bei den tief eingreifenden Befugnissen des Gegners gemäß § 326 nicht gemacht hat; diese Lücke ist aber ohne Zweifel nur eine solche im Brinzschen Sinne, vom Standpunkt desjenigen, der einen Schutz gegen die Geltendmachung der Rechte aus § 326 sucht.

Wie man denn bei der Verwertung der §§ 325, 326 in den Fällen der sogenannten positiven Vertragsverletzung nicht mehr daran denkt, daß die „ihm obliegende Leistung“ die Hauptleistung sein müsse, die den Charakter des Vertrags ausmacht; denn bei jenen

[1] Bd. 57 S. 111 „... würde die mechanische Anwendung des § 326 Abs. 1 lediglich wegen eines Abnahmeverzugs in den weitaus meisten Fällen zu Härten und Unbilligkeiten führen, die weder berechtigten Verkehrsanschauungen noch berechtigten Verkehrsbedürfnissen entsprechen.“

Bd. 53 S. 164 „wenn dort im § 433 Abs. 2 gesagt ist, der Käufer sei verpflichtet, den vereinbarten Kaufpreis zu zahlen und die gekaufte Sache abzunehmen, so darf durchaus nicht auf eine überall durchgreifende Gleichstellung jener beiden Teile der Käuferverpflichtung geschlossen werden.“

positiven Vertragsverletzungen handelt es sich meist um „nebenhergehende Unterlassungspflichten", von denen sogar bestritten wird (Reichsgericht Bd. 54 S. 101) ob sie überhaupt „ein Teil der dem Verletzenden obliegenden Leistung" im Sinne des § 325 seien. Und überhaupt die positive Vertragsverletzung. Wenn „das Empfinden, daß auch bei ihr dem andern Teil die in den §§ 325, 326 gewährten Rechte zustehen sollten" (ebenda S. 100) zu ihrer Gewährung führt, wie in dem eben angeführten Urteil, so wird ganz gewiß derjenige, zu dessen Nachteil diese Gewährung ist, sich niemals überzeugen lassen, das Gesetz enthalte hier eine Lücke, die vom Richter ergänzt werden müsse, sondern er wird der Meinung sein, das Gesetz habe jene Rechte eben nur im Falle der Unmöglichkeit der Leistung gewährt, und der Richter weiche, indem er sie auch in anderen Fällen gewähre, von dem Gesetz ab. Die immer irgendwie gefundene logische Verbindung wird ihn nicht überzeugen; denn sie ist, wie in vielen Fällen schon offen gesagt wird, wie aber auch ohne das klar ist, nicht der bestimmende Grund für den Ausfall des Urteils.

Die Analogie wird von der herrschenden Rechtsquellenlehre notgedrungen noch zugelassen, wenn auch die extrem positivistische Seite sie mit Recht als verdächtig empfindet; daß sie immer eine Durchbrechung des Prinzips der Quellenmäßigkeit aller Urteile bedeutet,[1] ist neuerdings mehrfach mit Recht betont worden.

Es kommt nun in dieser Richtung in unserem neuen Rechtszustand noch ein weiteres Moment hinzu. Bei Fragen, wie der positiven Vertragsverletzung, der Irrtumsanfechtung neben der Mängelhaftung, handelt es sich nicht um neue tatsächliche Erscheinungen, wie etwa bei der Elektrizität oder der Benutzung maschineller Hilfskräfte im Fortschritt der Technik und der dadurch entstandenen neuen Gefahrenquelle, sondern um lange bekannte Verkehrserscheinungen. Muß man da nicht, wie Stampe mit Recht hervorhebt, unsern Gesetzgebern eine ganz unglaubliche Unfähigkeit im sprachlichen Ausdruck zuschreiben, wenn man diesen Gesetzeswillen — eines Gesetzes, dessen Fassung jetzt gerade zehn Jahre alt ist — in wichtigen Fragen nur auf eine so indirekte vermittelte Weise soll erschließen können?

---

[1] Selbst in den materiell einwandfreiesten Fällen, vgl. Bolze, Die Praxis des Reichsgerichts in Zivilsachen Bd. 11 S. 2: „Die Rechtsprechung ist befugt, die auswechselbaren Notenblätter der mechanischen Musikwerke den gedruckten gleichzusetzen, auch wenn dem Gesetzgeber diese neue Form der Fixierung eines Musikwerkes und die neue Art ihrer mechanischen Vervielfältigung nicht bekannt war, selbst dann, wenn infolgedessen der Ausdruck des Gesetzes so eng gewählt worden wäre, daß die Herstellung des Notenblattes für mechanische Musikwerke nicht darunter passen sollte. Es ist die Analogie, mittels welcher die Rechtsprechnng die bestehenden Gesetze an die neu entstehenden Erscheinungen des Lebens anpaßt."

Von dem in Bd. 58 No. 103 mitgeteilten Urteil des Reichsgerichts über das Wirksamwerden der Willenserklärung bei durch den Adressaten verschuldeter Verhinderung des Zugehens sagt VON BLUME (IHERINGS Jahrbücher Bd. 51 S. 23): „Wer Rechtssätze so begründet, wie es in dem besprochenen Reichsgerichtsurteil geschehen ist, der stellt sich über das Recht.“

Ein Berliner Gericht hat kürzlich die Klage gegen die Kleiderablage eines Theaters abgewiesen, die sich auf folgende Tatsachen stützte; der Besucher hatte die Garderobemarke der Dienerin hereingereicht, welche daraufhin die Kleider holte und den sich danach ausstreckenden Händen auslieferte; wie sich herausstellte, einem Gauner, der noch Zeit hatte zu verschwinden. Schon die gewöhnliche Legitimationswirkung der Marke, die man doch unbedingt braucht, läßt sich nur bejahen, indem man sich in Widerspruch setzt zu dem Gesetz; denn die Bestimmungen der §§ 793, 807, 808, unter deren keine die Garderobemarke fällt, bestimmen unzweifelhaft als Ausnahme vom gewöhnlich Geltenden, daß der Schuldner auch durch Leistung an den Nichtberechtigten frei wird. Diese Bestimmungen können deshalb nicht ausgedehnt werden. Aber das Berliner Urteil geht noch weiter; der Schuldner hat nicht an den durch die Marke legitimierten falschen Gläubiger geleistet, sondern an einen gänzlich Unlegitimierten. Trotzdem läßt die übrigens meines Erachtens wohl sicher sachlich richtige Entscheidung den Gläubiger den Schaden tragen. Das ist ganz gewiß eine Abweichung von dem allgemeinen Satz, daß man nur durch Zahlung an den richtigen Gläubiger frei wird. Die Annahme besonderer Vereinbarungen wäre die reine Fiktion und eine Herleitung der Entscheidung etwa aus § 324, durch den andern Teil verschuldete Unmöglichkeit, weil dieser nach Hingabe der Marke nicht genügend aufgepaßt hatte — wäre eine reine petitio mit den Worten „zu vertreten hat“.

Die Beispiele lassen sich beliebig vermehren, ich erinnere nur noch an die fingierten Verträge zur Begründung des Schadensersatzes.[1] Da aber bei allen derartigen Entscheidungen eine logische Herleitung, besser oder schlechter, irgendwie versucht wird, und da das Bestimmtwerden durch eine ratio sufficiens cognoscendi ein rein interner psychologischer Vorgang ist, kann man schließlich da, wo eine logische Brücke, wenn auch mit dem luftigsten Material, überhaupt gebaut wird — und nicht, was heute immerhin schon vorkommt, das Schöpfen aus der Zweckmäßigkeitserwägung offen zugegeben wird —, das Vorliegen einer nicht aus dem überlieferten Recht

[1] Vgl. OTTO MAYER, Die Entschädigungspflicht des Staats nach Billigkeitsrecht S. 19: „An die Wahrheit eines solchen Vertrags zu glauben, ist für den Juristen keine leichte Sache; aber die Billigkeit ist eine rücksichtslose Gebieterin.“

geschöpften Entscheidung immer verneinen. Man kann dazu von unserm Standpunkt nur sagen; man suche sich mit nur einiger Ehrlichkeit gegen sich selbst darüber klar zu werden, ob sie, die logische Herleitung, für die Richtung eines vorliegenden konkreten Urteils wirklich der ursprünglich bestimmende Grund war oder ob sie erst später hinzugekommen ist, nachdem die Richtung des Urteils schon vorher festlag; in welchem Falle eben die Entscheidung nicht aus dem überlieferten Recht und damit gerade für die positivistische Quellenlehre gegen das überlieferte Recht ist, weil jene Modifikation eben nicht in ihm enthalten, daher nach ihm anders zu entscheiden war.

Schließlich aber ist uns der Umstand, ob die Tatsache der Rechtsänderung in jenen Fällen zugegeben wird oder nicht, auch nur von polemischer Bedeutung; denn freilich von dem Standpunkt derjenigen, die eine Revision der Rechtsquellenlehre erstreben und gerade damit zu einen festeren Boden — und keineswegs zur freien Rechtsfindung — zu gelangen hoffen, liegt ja bei vielen der gebrachten Beispiele eine wirkliche Änderung des positiven Rechts nicht vor. Denn gerade von diesem Standpunkt aus müssen wir eine Unterscheidung machen, nämlich unter diesen zwei Gruppen unterscheiden; gerade von dem hier aufgestellten Geltungsgrund des positiven Rechts aus, daß die positive Entscheidung auch eine Entscheidung ist nach dem, was als Recht, was als richtig empfunden wird, daß sie aber gefunden ist nicht in isolierter Betrachtung des Falles, sondern indem das urteilende Subjekt das Abweichen von einem bisher geübten Verhalten der Rechtsgenossen zueinander als Verletzung gegenüber dem an der Beibehaltung Interessierten empfindet. Gerade von einer Auffassung aus sagen wir, der das Positive im betonten Sinne nichts anderes ist als der Ausdruck der geschichtlichen Natur des Menschen — wie man ja positiv und historisch gelegentlich synonym gebraucht — muß man eine Unterscheidung machen zwischen der eigentlichen und ursprünglichen Form dieser historischen Kontinuität des Rechtsempfindens und der künstlichen juristischen Form derselben, welche durch das Gesetzesrecht dargestellt wird; wenn nämlich die Bestärkung, der Anhalt für das subjektive Rechtsempfinden, welche das positive Recht bedeutet, nicht in einem bestimmten, in der Vergangenheit verwirklichten Verhalten dieser sozialen Gemeinschaft besteht, sondern nur in der Aussprache der maßgebenden sozialen Organisation über das, was Recht sein soll. Mit diesem wichtigen Unterschied hängt es zusammen, das gegenüber einem neuen Gesetz jene Erwägung des relativ geringeren Unrechts bei Vernachlässigung der positiven Norm sich, wie es der Fall zu sein scheint, leichter durchzusetzen vermag, weil eben in diesem Fall tatsächlich das Nichtbefolgen der Regel einen Verstoß gegen die Kontinuität noch nicht bedeutet. So angesehen, ist das zwar im neuen Rechtszustand zweifellos nicht quellenmäßige Durchdringen der exceptio doli „von Gottes Gnaden" tatsächlich eher eine Wahrung der Kontinuität als ein Verstoß dagegen. Auch die Schöpfung der positiven Vertragsverletzung und die Weigerung der Praxis, die neugeschaffene Abnahmepflicht wirklich der Zahlungspflicht des Käufers gleichzusetzen, ist tatsächlich mehr nur eine Korrektur offenbarer technischer Mißlungenheiten des unorganisch entstandenen positiven Rechts. Dagegen sind die mannigfach, besonders im französischen Rechtsgebiet ergangenen Urteile, die eine außerkontraktliche Schadensersatzpflicht auch ohne Schuld statuierten und die, — für sich betrachtet, erklärlich waren angesichts der Häufung rein kasueller Schädigungen infolge der maschinellen Entwickelung, — ebenso die Ausbildung des Legitimationscharakters gewisser Papiere, hervorgerufen durch die im modernen Verkehr bei gewissen Gelegenheiten auftretende Notwendigkeit der Massenabwickelung von Rechtsgeschäften in kurzer Zeitspanne — auch von unserem Standpunkt aus Neubildung von geltendem Recht in Abweichung vom überlieferten Recht; und diese Neubildungen haben allerdings, obwohl sie das kommende Recht richtig wiesen, wie die spätere Entwickelung — Haftpflichtgesetz, Gefährdungshaftung — gezeigt hat, in jener Übergangszeit relative Verletzungen der Gegenseite bedeutet; welche Verletzungen durch die frühzeitige Herstellung der formellen Kontinuität, wie es in Preußen durch das Eisenbahngesetz geschah, vermieden werden und immer möglichst vermieden werden sollten, soweit eben die Erkenntnis und damit die Möglichkeit der begrifflichen Festlegung der sich ändernden Verletzungsempfindung schon so weit nachgekommen ist.

Aber der Streit, ob Erscheinungen dieser Art Rechtsänderung sind[1] oder Lückenergänzung oder was sonst, ist schließlich unfruchtbar, weil er nur die Folge ist der prinzipiellen Stellungnahme; was wir für unsere Ausführungen brauchen, ist nur das Zugeständnis, daß nicht alle Urteile Folgerungen aus positiven Rechtssätzen sind, daß Lücken des positiven Rechts sich im praktischen Rechtsleben fühlbar machen. Ich glaube nun, man darf heute behaupten,[2] das Dogma von der Lückenlosigkeit oder logischen Geschlossenheit des Rechts oder von der Quellenmäßigkeit aller Entscheidungen ist erledigt.[3] Zwar

---

[1] Krauss, Die leitenden Grundsätze der Gesetzesinterpretation, in Grünhuts Zeitschrift für das Privat- und öffentliche Recht der Gegenwart Bd. 32. „Das Faktum einer solchen Rechtsprechung wider das Gesetz steht außer Zweifel."

[2] Was schon 1872 Adickes auf das bestimmteste formuliert hat, a. a. O. S. 9.

[3] Vergl. neuerdings die vorzüglichen Ausführungen von Radbruch, Rechtswissenschaft als Rechtsschöpfung, im Archiv für Sozialwissenschaft und Sozialpolitik Bd. 22.

besitzen wir noch nicht ein der Méthode d'interprétation usw. von GENY entsprechendes Werk; aber ich glaube, für unseren heutigen Rechtszustand ist ein so reiches Material gar nicht nötig, um die Tatsache zu beweisen, daß Lücken in unserem Rechtszustand empfunden werden. Ob das nun wirklich nur in unserer Unkenntnis seinen Grund hat, wie BERGBOHM in Jurisprudenz und Rechtsphilosophie behauptet, ist sekundär, da jedenfalls der Umstand des mangelhaften Bekanntseins aller Beteiligten mit diesem in sich lückenlosen und logisch vollendeten Rechtsganzen zurzeit nicht zu beheben ist; und auch nach unserer Auffassung hat ja allerdings diese Lückenhaftigkeit des positiven Rechts ihren Grund darin, daß eben nicht alles Recht erkannt ist; nur daß das unserer Überzeugung nach niemals anders sein kann; und nicht etwa nur wegen der Mangelhaftigkeit menschlichen Wissens, sondern wegen der Art unseres Phänomens, welches gerade nach der historischen Erkenntnis[1] in steter Entwickelung und Veränderung befindlich ist, und daher niemals restlos in Begriffen fixiert sein kann.

Diese Annahme übrigens, daß alles schon erkannt und in Begriffen überliefert sei, so daß alle neue rechtliche Erkenntnis lediglich auf deduktivem Weg zu gewinnen sei; diese Annahme und die damit gegebene Mißachtung der empirischen Weiterbildung waren allerdings Eigenheiten, die die Bezeichnung der Jurisprudenz „als letzte überlebende Tochter der Scholastik" (KUHLENBECK) nicht ganz ungerechtfertigt erscheinen lassen. Wenn die neue Rechtsquellentheorie sagt, „daß das Recht nicht ein abgeschlossenes vollständiges System abstrakter Rechtsregeln ist, sondern aus Einzelentscheidungen besteht" (EHRLICH, freie Rechtsfindung usw. S. IV), so heißt das in dieser Richtung, daß in sehr vielen Fällen das, was Rechtens ist, nicht aus dem überlieferten Vorrat von abstrakten Sätzen darüber deduktiv ermittelt werden kann, sondern durch neue Einzelbeobachtung ermittelt werden muß. Man hat mehrfach von einer inneren Doppelheit jeder Rechtsordnung gesprochen,[2] und historische Erscheinungen wie Volksrecht und Amtsrecht, common law und equity, ziviles und prätorisches Recht deuten auf derartiges hin.[3] OTTO

[1] Weshalb die positivistische Lehre „ihrer Grundanschauung vom Wesen der Rechtsentwicklung untreu wurde", KRAUS a. a. O. S. 3.

[2] Was KOHLER im Archiv für bürgerliches Recht Bd. 24 S. 185 und im Lehrbuch als ein Hauptbeispiel dafür in unserem Recht anführt, — das Institut der Verschollenheit, er nennt diese Doppelheit hier Aushilfsrecht und Publizitätsrecht — gehört meines Erachtens nicht zu diesen Erscheinungen.

[3] Unser Quellenmaterial reicht wohl nicht genügend weit zurück, daß wir den merkwürdigen Bedeutungswandel des Begriffs jus gentium in der römischen Rechtsgeschichte genügend aufzuhellen vermöchten; man kann deshalb nur als Vermutung die Ansicht äußern, daß diese Wandlung — zuerst positives Recht anderer Völker,

Bähr — und das Zeugnis eines so hervorragenden Praktikers ist uns hier besonders wertvoll; denn merkwürdigerweise sind es gerade die Praktiker, die sich am heftigsten gegen eine Revision unserer Rechtsquellentheorie wehren; indem sie offenbar dem Grundsatz huldigen, handelt nach meinen Worten aber nicht nach meinen Werken — Otto Bähr drückt sich einmal folgendermaßen aus (Urteile des Reichsgerichts mit Besprechungen S. 10): „Es wird in unserer gesamten Rechtswissenschaft nicht genügend Gewicht gelegt auf die Unterscheidung zweier Bestandteile unseres Rechts, die, wenn auch eine völlig scharfe Trennung derselben nicht durchführbar ist, doch eine durchaus verschiedene Natur haben. In unserm Recht sind zu unterscheiden einerseits diejenigen Regeln, welche einen positiven in sich abgeschlossenen Rechtssatz aufstellen, und andererseits diejenigen Regeln, welche eine solche positive Natur gar nicht beanspruchen, weil sie das Ziel, das ihnen vor Augen schwebt, damit nicht erreichen können. Dieses Ziel ist kein anderes, als dasjenige auszusprechen, was in der Natur der Dinge liegt. Es sei gestattet, jene Regeln positives, diese wissenschaftliches Recht zu nennen.“ Unser Gesetzbuch hat nun bekanntlich an einer Reihe von Stellen den

---

in welcher Bedeutung es noch direkt einen Gegensatz bildet zum jus naturale; Ulpian, Dig. 1, 1; l. 4; dann Recht, das bei allen Völkern gleichlautend gilt, und schließlich Recht, das die Natur selbst den Menschen und selbst den Tieren eingepflanzt hat — für unsere Untersuchungen sehr instruktiv wäre. Der Einfluß des historischen, überlieferten positiven Rechts, — als welches nur der Ausdruck der Tatsache ist, daß das Individuum, auf dessen Subjektives jede rechtliche Entscheidung zurückgeht, in einem bestimmten historischen und sozialen Zusammenhang lebt und für jenes Urteil Anschluß sucht in den Erfahrungen der vorangegangenen und mitlebenden anderen Glieder seines Rechtskreises — mußte da leicht zurückgedrängt werden, wo der betreffende Rechtsunterworfene, als Peregrine, außerhalb seiner überindividuellen Zusammenhänge lebte und von Fremdnationalen Recht nehmen mußte.

In der Polemik gegen den Rationalismus hat Savigny, wohl zuerst (?) den Ausdruck Individualismus auch in zeitlichem Sinne gebraucht; er spricht (Rezension von Gönner) von geschichtlichem Egoismus als von einem Bestreben, die Neuzeit von der geringgeschätzten Vorzeit zu isolieren. Individualismus wäre also eine Auffassung, welche die Fäden negiert und zerstören will, die das Individuum verbinden, einmal in der Gegenwart, mit den andern Individuen seines Gemeinschaftslebens, aber auch mit den Individuen vergangener Generationen, in deren Wirkungsreihe er sich eingliedert. Mit diesem Begriffe von Individualismus ergibt sich, nebenbei bemerkt, daß die zwei Arten von juristischen Personen unseres Gesetzbuches eine durchaus erschöpfende Einteilung der überindividuellen Rechtskreise darstellen. Ein überindividueller Interessenkreis liegt dann vor, wenn eben eine Mehrzahl von Individuen ihnen gemeinsame Interessen verfolgen (Verein); es kann aber auch das Überindividuelle in einem rein Zeitlichen liegen, indem der Wille eines Individuums, der an sich mit dessen natürlichen Dasein untergehen würde, durch künstliche Schöpfung der Rechtsordnung dauernd gemacht wird, und auf diese Weise überindividuelle Zweckverfolgungen geschaffen werden.

Richter direkt auf diesen Weg hingewiesen; innerhalb des durch jene Gesetzesstellen bezeichneten Rahmens ist natürlich die Urteilsfindung nach zweckmäßigem usw. Recht, aus der Verletzungsempfindung heraus, auch dem positiven Rechte gemäß und daher hier jene innere Doppelheit nicht vorhanden. Im übrigen ist aber das als zweckmäßig Erkannte, das wissenschaftliche usw. Recht als solches noch nicht geltendes Recht. Die Brücke aber von jenem zu diesem ist die einzelne Entscheidung; und damit kommen wir wieder zur hauptsächlichen Aufstellung dieser Untersung. Das Recht besteht aus Einzelentscheidungen; das einzelne Urteil aber hat immer zum Inhalt, daß dies oder das hier Rechtens sei; d. h. es spricht sich aus über das Vorliegen oder Nichtvorliegen einer konkreten Verletzung; und wenn der Richter einen solchen Spruch fällt gemäß der überlieferten Rechtsregel — ohne deren Vorhandensein er anders entschieden hätte — so heißt das nur, daß er hier die Richtung seiner vorzunehmenden Zwangsreaktion durch Vergleichung mit dem bisher in solchen Fällen beobachteten Verhalten durch Subsumtion ermittelte; nicht aus jener obersten Grundlage allen rechtlichen Urteilens für diesen einzelnen Fall gefunden hat. Aber da auch das so ermittelte Urteil ein Urteil bleibt über das, was Rechtens ist, so bleibt jene psychologische Grundaktion — oder die Erwägung der Zweckmäßigkeit, Angemessenheit, Gerechtigkeit usw. dem Einzelurteil immer inhärent.

Der Gegensatz jener beiden Arten von Recht innerhalb einer Rechtsordnung ist also nur der, daß bei der einen Art die Frage, was Verletzung ist, gemäß der Überlieferung entschieden wird; bei der andern Art für diesen Fall neu ermittelt wird.

Und dazu sind schließlich nach zwei Richtungen hin noch besondere Verwahrungen zu machen; gegenüber Ausstellungen, die man zum Teil berechtigterweise an gewissen Formulierungen der neuen Auslegungstheorie gemacht hat.

Die Bindung durch das positive Recht wird bei dieser Auffassung seines Wesens nicht geschwächt, sondern vielmehr gestärkt, indem ihr inhaltlicher Grund gezeigt wird. Das überlieferte Recht hat nicht nur die Autorität der Überlieferung überhaupt, daß sich in ihm die Erfahrung der Geschichte und der vorangegangenen Generationen verkörpert über das Maß des „ethischen Minimums"; so hoch man diese Autorität auch bewerten mag;[1] sondern mit der Tatsache

[1] Deren inneren Grund man nicht besser bezeichnen kann als mit den Worten von Taine, Entstehung des modernen Frankreich, 1. Bd. Die alten Gewalten, Übersetzung von Katscher S. 256. „Wenn man die Tradition genau betrachtet, so findet man, daß ihre Quelle gleich der der Wissenschaft in einer langen Reihe von Erfahrungen besteht. Nach einer Menge von schwankenden Versuchen sind die Menschen dahin gelangt, zu fühlen, daß eine bestimmte Art zu leben oder zu denken, sich allein für

des Sichdurchsetzens, in demselben Maß, wie es für breitere Kreise der Rechtsgenossen erkennbar sich durchsetzt, gewinnt es eine neue selbständige inhaltliche Legitimation, weil nun die bloße Abweichung von diesem Modus eine materielle Verletzung ist; wie oben des näheren zu zeigen versucht wurde.

Wenn man gesagt hat, die Einzelentscheidungen sind das jus quod est, und die regula nur die Abstraktion davon, so ist das ja an sich und ursprünglich richtig; aber wenn EHRLICH so formuliert: „Es beruhen daher nicht die Entscheidungen auf den Rechtsregeln, sondern die Rechtsregeln werden aus den Entscheidungen gezogen“, so trifft das, nachdem die regula Positivität erlangt hat, nicht mehr zu. Wenn dieser große juristisch-technische Fortschritt einmal gemacht ist — den nach der allgemeinen Meinung die deutsch-mittelalterliche Rechtsprechung durch die Schöffen noch nicht kannte, denen also das überlieferte Recht nur gewiesen wurde als Material zur Bildung der eigenen subjektiven Rechtsüberzeugung — so wird nun die regula das logische Prius und inhaltlich Bestimmende für die Einzelentscheidungen, weil die Verletzungsempfindung, auf die jede Einzelentscheidung zurückgeht, sich nun nach der regula bestimmt. Der Irrtum der alten Rechtsquellentheorie war nur der, daß es für alle Einzelentscheidungen solche regulae gebe.[1] Freilich ist mit dieser Begründung des positiven Rechts und seiner Zurückführung auf die psychologische Grundaktion doch auch gesagt, daß diese das Oberste bleibt und jene positive Regeln nur Mittel sind zu diesem Zweck. Daher ist da, wo die Befolgung der regula eine Verletzung des Gegenübers bedeuten würde, die schwerer wiegt als die Verletzung,

ihre Lage eigne und am nützlichsten und praktischsten sei. Das Regiment oder das Dogma, das uns heute als willkürliches Übereinkommen erscheint, war einst eine anerkannte Maßregel zum öffentlichen Heile, und häufig ist es das noch heute ... im allgemeinen läßt sich sagen, daß ein Gebrauch, je allgemeiner und älter er ist, auf desto tieferen physiologischen, hygienischen, polizeilichen Motiven beruht.“

[1] Ich habe einer ähnlichen wie der EHRLICHschen Formulierung, „Was ist schließlich eine Regel des positiven Rechts anderes als ein Versuch der Verallgemeinerung, der Begriffsbildung aus einem wiederholten sozialen Handeln“, wenigstens hinzugefügt „allerdings ein gleichzeitig als solches befohlenes Handeln“ (in „Von der logischen Geschlossenheit des Rechts“ 1900). Was dieser Zusatz im Auge hatte, glaube ich nun mit dem Obigen schärfer sagen zu können; „befohlen“ trifft zunächst nicht für Gewohnheitsrecht zu und auch für Gesetzesrecht ist es recht zweifelhaft, ob man sagen kann, die Befolgung sei befohlen, der Richter ist nicht an Weisungen gebunden usw. Die Bindung beruht also darauf, daß die Abweichung von dem Verhalten, welches das Gegenüber erwarten kann, weil diese soziale Gemeinschaft es bisher beobachtet hat oder sich generell für seine Beobachtung ausgesprochen hat, als die Verletzung des Gegenübers empfunden wird.

Und damit hat das positive Recht den triftigsten Geltungsgrund, den es haben kann, nämlich denselben wie das „richtige Recht“ und das Recht überhaupt.

welche die Nichtbefolgung der positiven Norm immer gegenüber dem anderen Beteiligten bedeutet, in concreto Rechtens nicht die Befolgung, sondern die Nichtbefolgung, d. h. die Vermeidung der inhaltlich schwereren Verletzung.

Aber — und das ist die weitere wichtige Verwahrung gegenüber der „freien" Rechtsfindung und „freirechtlichen Bewegung" — diese Neuermittelung des konkreten Rechtes, sowohl die ausnahmsweise Art der Ermittelung aus der relativ geringeren Verletzung, also unter Abweichung vom positiven Recht, als auch die normale Art der Neuermittelung von Recht aus der inhaltlichen Verletzung, die lediglich in Ergänzung des positiven Rechts und seiner Lücken erfolgt, stellen allerdings schließlich die Entscheidungen auf das subjektive Empfinden des Richters;[1] aber damit — weil das Ideal der Aufklärungszeit, oder auch des Absolutismus, nicht erreichbar war, nämlich den Richter zur Maschine zu machen — ist noch nicht das andere Extrem gegeben, daß er frei, d. h. willkürlich so oder so entscheiden könnte. Seine Entscheidungsrichtung ist vielmehr bedingt und ihm vorgeschrieben eben durch jene Empfindung, die um deswillen, weil ihr Zustandekommen nicht begriffsmäßig aufzulösen ist, doch nicht eine zufällige und willkürliche ist. Der Einzelne ist, auch wo er nicht an äußerlich mitteilbare Formen seiner Sozialpsyche gehalten ist, doch durch Abstammung, Erziehung und Einflüsse der Mitlebenden ein Produkt und Teil dieser Sozialpsyche.

Dieser Zusammenhang jenes subjektiven Einzelergebnisses mit dem rechtlichen Vorstellungskomplex dieser sozialen Gemeinschaft und damit die Bedingtheit der Entscheidungsrichtung ist freilich eine losere als die des positiv begründbaren Urteils. Und darum ist die begriffliche Überlieferung dessen, was Rechtens ist und die damit an sich noch nicht gegebene, aber sich sofort daran anschließende möglichste Ausdehnung des Gebiets der Positivität das juristisch-technisch Erstrebenswerte ist; es ist der eigentliche Fortschritt der Rechtskultur, denn ob in der „Tugend der Gerechtigkeit" die Menschheit Fortschritte macht, ist recht zweifelhaft.[2]

Man (Ehrlich, Kantorowicz) wird vielleicht sagen, es sei Wortstreit, wenn sich auch der gegen den Ausdruck freies Recht wende, der doch zugibt, daß in diesen Fällen der nicht nach der positiven Regel gefundenen Entscheidung der Richter schließlich nur subjektiv kontrolliert ist, also von nichts außer ihm äußerlich abhängig ist. Der Einwand wäre aber nicht begründet; denn selbst bei der Entscheidung nach positivem Recht ist der Richter, da dieses positive

[1] „Das Rechtsbewußtsein als Rechtsquelle", Radbruch a. a. O. S. 367.

[2] Welcher Fortschritt der Rechtskultur, wie es scheint, parallel geht mit dem Auftreten autoritärer Weisung des Rechts für die Rechtsprechenden.

Recht eben die Einzelbefehle nicht enthält, auch fast nur subjektiv kontrolliert, vgl. oben die Texteinschiebung S. 23.

Die Absicht dieser Untersuchung war gerichtet auf das Tatsächliche der Wirksamkeit des positiven Rechts und des richterlichen Verhaltens ihm gegenüber; sie ging also dabei von einer Auffassung aus, die sich in der veränderten Stellung der zweiten Kommission gegenüber dem Gewohnheitsrecht und in den sich daran knüpfenden Aufstellungen über die Bedeutung des tatsächlichen Sichdurchsetzens für die Geltung ankündigt; daß nämlich die Grundsätze über die Bindendheit des Rechts nicht selber wieder einen Teil des materiellen Rechts bilden, sondern dessen Voraussetzung. „Man darf", sagt BRUNS in HOLTZENDORFFS Enzyklopädie 2. Aufl. S. 317, „den Begriff des positiven Rechts nicht auf die Vorschrift der Staatsgewalt über das, was sie als Recht beobachtet wissen will, stellen." Es braucht von dieser Auffassung aus nicht näher darauf eingegangen, darf aber darauf hingewiesen werden, daß die hier vertretene Meinung über die Stellung des Richters zum Gesetz meines Erachtens jedenfalls auch nicht in Widerspruch steht mit irgendwelcher Bestimmung unseres positiven Rechts, von denen in Betracht kommen der § 1 des Gerichtsverfassungsgesetzes, der § 839 des B.G.B. und die §§ 334, 336 des St.G.B. und eventuell die Formel des Richtereides.

Was schließlich die Behauptung betrifft, daß die Forderung der Quellenmäßigkeit aller Urteile mindestens als Postulat, und so gut es gehe eben aufrecht erhalten werden müsse, weil nur durch sie die notwendige Objektivität, Sicherheit und Berechenbarkeit der Rechtsprechung erreicht werden könne, so liegt ja an sich ein solches Argument de lege ferenda ebenfalls außerhalb des Rahmens dieser Untersuchung; es sei hier nur soviel darauf erwidert, daß eben so ziemlich das Gegenteil von jener Behauptung richtig ist. Es kann hier nicht mehr näher ausgeführt werden, daß die „Zufallsprodukte der juristischen Konstruktionskunst", wie OTTO MAYER sich ausdrückt, ja viel willkürlicher und unberechenbarer sind als die Produkte auch des souveränsten Ex-acquo-et-bono-Urteilens, das doch immer eine Anlehnung suchen wird in dem Billigkeitsempfinden anderer. Es sei auch nur darauf hingewiesen, ob denn die in die Herrschaftszeit jenes Dogmas fallenden unzweifelbaren Beeinflussungen des geltenden Rechts durch die Aufstellung gewisser Theorien (vgl. oben OTTO BÄHR) oder auch durch ein einzelnes Buch und seine vielleicht nur partielle dann wieder abgelehnte Wirkung (WINDSCHEIDS Voraussetzung) wohl als ein Rechtszustand zu betrachten sind, der jene Sicherheit usw. auch nur in einem leidlichen Maße aufweist. Auch die Frage sei gerade nur gestreift, ob denn so ganz allgemeine und auf die letzten Grundlagen zurückverweisende Sätze eines positiven Rechts, wie der Satz, daß man schadensersatzpflichtig werde, wenn man das Recht eines andern verletzt (§ 823 B.G.B.) — welches Recht eben gerade in den schwierigsten Fällen, so beim Anlieger des öffentlichen Wegs nur darin besteht, ob man Schadensersatzpflicht hier entstehen läßt oder nicht — ob denn, fragen wir, ein solcher Satz, der sich doch auch wieder nicht als ein offizieller Verzicht auf technische Formen gibt, irgendwelche Weisung oder Bindung für den Richter in concreto überhaupt logisch enthält. Nur auf folgende kleine Illustration zur logischen Festgelegtheit der Rechtsprechung durch ein ganz neues und gewiß sorgsam gearbeitetes Gesetz möchte ich noch hinweisen. Eine münsterische Doktordissertation erwähnt nebenbei, daß man den von Bazillen Infizierten nicht als Tierhalter betrachten könne, weil man sagen müsse: ἔχομαι, οὐκ ἔχω.[1] Auf dem Kieler Juristentage, auf welchem die Tierhalterfrage bekanntlich reichlich erörtert wurde, nahm einer das gesprächsweise und im Scherz auf; außerdem hätten die herausgehusteten Tuberkeln auch nicht die consuetudo revertendi, und deshalb bestehe in dem Augenblick der Infektion anderer jedenfalls keine Tierhaltung mehr; ein anderer wandte nun gegen diese Haftung ein, daß es sich um eine mechanische Schädigung, durch Muskelbewegung des Tieres, handeln müsse; bei den Tuberkelbazillen vollziehe sich aber die Krankheitserregung nicht in dieser Weise, soweit man wisse usw. Jedenfalls befand man sich, zum großen Erstaunen der ursprünglich Beteiligten, plötzlich in einer ernst gemeinten Erörterung der Frage, ob der Tuberkulöse, an dem sich andere infiziert hätten, als Tierhalter im Sinne des § 833 verantwortlich gemacht werden könne.

Nun frage ich einen Menschen: daß man überhaupt an die Möglichkeit denkt, eine Haftung des Tuberkulösen für seinerseits gänzlich unverschuldete Weiterübertragung der Infektion — für welche Haftung wahrscheinlich, so grausam sie wäre, ein fanatischer Hygieniker beachtliche legislatorische Gründe anführen könnte, deren Einführung aber doch auf alle Fälle eine äußerst einschneidende und neue Maßregel wäre — auf diese taschenspielerhafte Weise begründen zu können, aus einem neuen Gesetz, dessen Materialien und Zustandekommen noch völlig vor Augen liegen, zu dessen Erlaßzeit die betreffende Tatsache längst bekannt war;[2] ich glaube, daß man auch bei den allerweitesten Formulierungen der Rechtsquelle des Rechts-

[1] Tapper, Haftung für Tierschäden 1904 S. 41. Vgl. Litten, Die Ersatzpflicht des Tierhalters S. 112. Daß „bezüglich niederer parasitär im Menschen lebender Tiere" „eine Ersatzpflicht aus § 833 schon mangels eines passiv Legitimierten niemals in Frage kommen kann."

[2] Auch bezüglich der natürlich anders liegenden Haftpflicht desjenigen, der Bazillenkulturen unterhält, scheint mir der Standpunkt Enneccerus-Lehmanns, Bürgerliches Recht Bd. I S. 782, der ihre Herleitung aus § 833 ablehnt, der richtige. A. M. Planck.

bewußtseins, Rechtsgefühls, aus der Billigkeit, aus der Gerechtigkeit usw. niemals zu so unberechenbarem Recht kommt als hier durch logische Behandlung einer positiven Gesetzesstelle. Man versuche sich die Gefühle des Rechtsuchenden — STAMPE weist mit Recht auch auf diesen Gesichtspunkt gegenüber den dialektischen Kunststückchen in der Urteilsbegründung hin — einmal zu vergegenwärtigen, der in solcher Lage, als Tuberkulöser, von dem sich jemand infiziert hat, erfahren muß, er sei unter demselben Gesichtspunkt verurteilt worden wie der Nachbar, dessen stößiger Bulle jemand verletzt hat.

Nach EHRLICH (freie Rechtsfindung S. 3) wäre „der Grundsatz, daß eine jede Entscheidung sich aus den bereits festgelegten Regeln des geltenden Rechts ergeben muß,“ erst mit der Rezeption aufgekommen. RADBRUCH hat auf den Zusammenhang aufmerksam gemacht, der zwider MONTESQUIEUschen Gewaltenteilungslehre und jenem Grundsatz besteht. Sicher ist ja, daß er in dieser schärfsten Form nicht immer behauptet worden ist; — man kann nicht sagen, nicht immer gegolten hat; denn tatsächlich gegolten hat er im Grunde nie. Aber dieser Grundsatz ist auch nur die schärfste Aussprache eines Prinzips, das sich in minder extremen Formen bei allen rechtlichen Entwickelungen feststellen läßt. IHERING spricht von dem Gesetz der logischen Sparsamkeit als einem Grundgesetz der juristischen Technik;[1] daß der zum Finden von konkretem Recht Berufene auf jede mögliche Weise die neuen Bedürfnisse mit den überlieferten Mitteln zu bestreiten suche. Selbst aus der römischen Rechtsentwicklung kennen wir trotz jener noch von keiner andern Rechtsordnung — wenigstens von keiner Rechtsordnung entsprechender Kulturstufe und damit entsprechender Ausbildung des positiven Rechts — erreichten Freiheit der Jurisdiktionsmagistrate typische Erscheinungsformen jenes Gesetzes; wie die Fiktionen und fiktizischen Klagen, die Formeln mit subjektiver Umstellung, die actiones in factum conceptae und utiles. Also selbst der prätorische „Gerichtsherr“, dem das überlieferte Recht keineswegs mit dem Anspruch auf Vollständigkeit und logische Geschlossenheit gegenüberstand,[2] kommt doch, weil das supplere und adjuvare unabweislich auch zum corrigere führte und er dabei doch die Gefahr lief, „nach Rücktritt von seinem Amt wegen Bruch

[1] IHERING, Geist des römischen Rechts Bd. 3 I. Abt. 4. Aufl. S. 244.

CARLYLE, The French Revolution; 3. Bd. Buch 2 Kap. 5 . . . to stretch out the old Formula and Law Phraseology, so that it may cover the new, contradictory, entirely uncoverable Thing?

Whereby the poor Formula does but crack and one's honesty along with it! . . . This of stretching out Formulas till they crack, is, especially in times of swift change, one of the sorrowfullest tasks poor Humanity has.

[2] l. I. pr. D. 2, 2; qui magistratum potestatemve habebit, si quid in aliquem novi juris statuerit, ipse quandoque adversario postulante eodem jure uti debet.

des Volksrechts in Anklage versetzt zu werden", zu Erscheinungen so eigentümlicher Art wie dem nudum jus Quiritium gegenüber dem in bonis habere, oder dem heres, dem ein bonorum possessor cum re gegenübersteht; Gebilde, die doch nur und in wirklich etwas zu durchsichtiger Weise die Täuschung aufrecht erhalten wollen, daß das neue Amtsrecht nicht in Widerspruch stehe zu dem alten Volksrecht. Also auch diese beweglichste Rechtsbildungsform, die wir kennen, zeigte jenen konservativen Grundzug der Rechtsentwicklung, daß das Neue sich nur unter äußerstem Widerstand des Überlieferten und vielfach dann auf Kosten der Ehrlichkeit und der Logik gegenüber dem Alten durchzusetzen vermag. Dieses zähe Haften des Rechts an der Überlieferung wird meist von der negativen Seite betrachtet; aber der so spricht, ist, wie man richtig gesagt hat, der Geist, der stets verneint, der den Schüler verwirren will. Wir wissen, daß dieses Forterben der Modi und Formeln, in denen die soziale Erfahrung der Gattung niedergelegt ist, eben der Ausdruck ist der Stetigkeit der Kulturarbeit und der historischen Natur des Menschen, der nicht als ein isolierter lebt, sondern als ein Glied und Bestandteil seiner sozialen und historischen Zusammenhänge. Aber auch das hat uns die historische Betrachtung gelehrt, daß das Material jener Modi und Formeln in ewigem Flusse und steter Veränderung begriffen ist und daß darum jede Zeit die Aufgabe hat, einen Teil dieser Modi umzubilden und neue Formeln zu schaffen; daß vor allem niemals alles Recht in abstrakten Sätzen erkannt ist, sondern daß die ursprüngliche Aufgabe der Rechtsermittelung aus der konkreten Verletzung auch auf den höchst entwickelten Kulturstufen in immer neu gestellten Problemen an die Rechtsprechung herantritt. Niemals wird die Vergangenheit der Gegenwart diese Aufgabe abnehmen können; wenn auch diese immer geneigt ist, sich selber als den Abschluß der Entwicklung zu betrachten und damit außerhalb dieser zu stellen; welches höchst unhistorische Unternehmen merkwürdiger-, wenn auch nicht unerklärlicherweise gerade die Zeit des eifrigsten historischen Studiums und damit auch der vertieften Erkenntnis vom historischen Wesen des Rechts am radikalsten versucht hat.

C. G. Röder G. m. b. H., Leipzig.

Kolibri 360 GmbH
Ferdinand-Jühlke-Straße 7
99095 Erfurt, Deutschland
produktsicherheit@kolibri360.de